Critical Approaches to Isabel Allende's Novels

American University Studies

Series XXII
Latin American Literature
Vol. 14

PETER LANG
New York · San Francisco · Bern
Frankfurt am Main · Paris · London

Critical Approaches to Isabel Allende's Novels

Edited by
**Sonia Riquelme Rojas and
Edna Aguirre Rehbein**

PETER LANG
New York · San Francisco · Bern
Frankfurt am Main · Paris · London

Library of Congress Cataloging-in-Publication Data

Critical approaches to Isabel Allende's novels / [edited by]
Sonia Riquelme Rojas and Edna Aguirre Rehbein.
  p. cm. — (American university studies. Series
XXII, Latin American literature ; vol. 14)
   Includes bibliographical references.
   1. Allende, Isabel—Criticism and interpretation.
I. Riquelme Rojas, Sonia   II. Rehbein, Edna Aguirre
III. Series.
PQ8098.1.L54Z58   1991   863—dc20   91-11499
ISBN 0-8204-1495-6   CIP
ISSN 0895-0490

CIP-Titelaufnahme der Deutschen Bibliothek

Riquelme Rojas, Sonia:
Critical approaches to Isabel Allende's novels / Sonia
Riquelme Rojas and Edna Aguirre Rehbein.—New York;
Berlin; Bern; Frankfurt/M.; Paris; Wien: Lang, 1991
   (American university studies : Ser. 22, Latin American
Literature ; Vol. 14)
   ISBN 0-8204-1495-6
NE: Rehbein, Edna Aguirre:; American university
studies / 22

The paper in this book meets the guidelines for permanence and durability
of the Committee on Production Guidelines for Book Longevity of the
Council on Library Resources.

© Peter Lang Publishing, Inc., New York 1991

Printed in the United States of America.

Table of Contents

Acknowledgements

We wish to express our gratitude to the following people and institutions:

To our contributors, whose names appear in the Table of Contents, for their willingness to share their intellectual interest.

To Isabel Allende, for the warm and inspirational time she shared with us during our interview in California; and for the "pleasure of reading" her books.

To our institutions, Southwestern University, Georgetown, Texas, and Concordia Lutheran College, Austin, Texas, for their continuous support in our academic endeavors.

To Graciela Hernandez and Nancy Guerrero for their assistance in preparation of the manuscript.

And to our families for allowing us the "free" time to work on our project:

A Ricardo Zúñiga Riquelme por compartir la alegría de mi trabajo.

To David, for his computer assistance and for encouraging me to continue pursuing my interests, and to Jonathan, Lisa, and Christina for allowing me time to do so.

A la memoria de mi padre,

a mi madre, a mi hijo.

Sonia

To Mom and Dad, for motivating,

to David, for encouraging, and

to my children, for inspiring.

Edna

Isabel Allende (top), and the editors, Edna Aguirre Rehbein (bottom left) and Sonia Riquelme Rojas (bottom right), with Allende (bottom center).

Introduction

Introduction

Introduction

During the decade of the 1980s, the Chilean novelist, Isabel Allende re-established the Latin American literary space which had remained in a vacuum for some time. After the production of the universally recognized Latin American narrative of the 1960s and of the early 1970s, the literary world lacked contributions of similar prominence. The writing of *La casa de los espíritus* (1982), *De amor y de sombra* (1984), and *Eva Luna* (1987), is an example of a new narrative expression which captures the Aristotelian concept of fiction as a representation of life. The diverse Latin American reality, which has provided Isabel Allende the material for her narrative work, is so deeply rooted in the author's wide range of personal experiences that it allows her to transmit first-hand the historical development of the continent.

The narrative material emerges from diverse sources. The author herself, has revealed that the idea for her first novel, *La casa de los espíritus*, came to her during her Venezuelan exile, between 1978 and 1981, after the Chilean coup of 1973 in which her uncle, the President Salvador Allende, was overthrown from power. While writing a lengthy letter to her maternal grandfather, who had remained in Chile, she expressed her views on the socio-political outcome of the military coup in her native country. The violent reality of such an historical turmoil, its background, and its consequences, as seen and lived by Isabel Allende, converged in the letter to form a complex net of personal memories and collective experiences. Her reminiscences later became the basis for her novel, which is the history of a family and an imaginary society. Nonetheless, the particular trademarks of the Chilean historical evolution are reenacted through fiction.

The story-telling in *La casa de los espíritus* —the process of narrating as a literary technique— evolves in the imprecise realm of the "fictional truth" and the "real truth". Throughout the entire novel, beginning with the paltry story of Barrabás, the Del Valle family dog, that first appeared in Clara's **cuadernos de anotar la vida**, through the end with Alba García Trueba's description of her own imprisonment and torture, a series of inaugural tendencies are introduced into the Latin American narrative. A feminine way of thinking and its concrete manifestation through writing, produced by the Del Valle-Trueba-García female characters, are evidence of a distinctive women's saga. The fact that Allende embodies her characters with these traits, allows them to transcend traditional women's roles and leads them to forge their own destiny and define their participation in the world.

In Isabel Allende's second novel, *De amor y de sombra*, writing as a feminine activity is reconfirmed through the fictionalization of a journalistic article based on the actual disappearance of the corpses of political prisoners executed by the Chilean military government following the 1973 coup. Through several feminine voices, the "fictional facts" are revealed. The relationship of Beatriz Alcántara and Irene Beltrán, mother and daughter, symbolizes the differences and oppositions between two approaches to life. Beatriz's systematic denial of the concrete violent reality opposes the awakening of Irene's social consciousness and search for truth. Their deep philosophical differences enrich the possibilities of characterization of this feminine way of thinking and the women's roles, already introduced in Allende's first novel.

In *Eva Luna*, published in 1987, Allende explores the craft of story-telling and its multiple complex levels and possibilities. On one level, the female protagonist Eva, remembers her personal story, she narrates it, and then she records it. On another level, after learning to write, she creates *Bolero*, a novel in which she herself is the protagonist. In this way, *Eva Luna* personifies the new possibility of feminine writing. On parallel levels, the prospects unfold for Eva; beginning with the character's illiteracy, the process of learning to read, culminating in her own literary writing and empowerment through the manipulation of words. *Eva Luna* symbolizes Allende's acceptance of her own femininity and the comprehension of the power of writing.

The following collection of previously unpublished essays presents a series of critical literary approaches by scholars from Latin America, North America, Europe and Asia. Each one proposes a personal interpretation of the novels of the Chilean writer. The three chapters that comprise this collection, are organized chronologically by the novels' dates of publication.

Four essays address *La casa de los espíritus*.

Kavita Panjabi, in her critical analysis discovers the power that prostitution can gain in a capitalist society. In *La casa de los espíritus*, Tránsito Soto's sexual trade empowers her in order to negotiate with the military men responsible for the coup, the life and the freedom of the protagonist and narrator, Alba. Prostitution emerges from its expected social marginality into the center of economic and political power.

Richard McCallister observes that the **nomenklatura** — the idea of placing in order— ascribes to the women in *La casa* intrinsic characteristics that tie them one to another, without losing their respective identities. In the feminine saga of Nívea-Clara-Blanca-Alba, the women play a critical and essential role, breaking with norms of patriarchal society and creating a new order of ethical values.

Rodrigo Cánovas presents a poetic-political reading of Allende's *La casa de los espíritus* in which he delineates a series of references that approximate the narrative structure of this novel to that of García Márquez's *Cien años de soledad*. He points at Isabel Allende's playful "literary cannibalism" of the Colombian writer's work.

Norma Helsper discusses the notion of an idealized image of the nation as family, often manipulated in an ideological level in order to deny the existence of social classes and sexual oppression. Helsper explores the deconstruction of the myth about the happy family in Allende's novel, but at the same time concludes that through fiction, the author presents the possibility of the re-unification of Chilean society.

The second section of the book deals with *De amor y de sombra*, a novel classified by Elías Miguel Muñoz, as an artistic testimony. Muñoz first delineates the historical reality which motivated the novel and secondly, analyzes how Allende transforms these facts into a literary text constructed on the potentiality of writing, that as such exceeds journalistic reporting.

In his analysis, Wesley J. Weaver examines the variety of narrative voices which fulfill the function of creating literature from the journalistic facts which generate *De amor y de sombra*. Weaver concludes that the process of creating characters with a wide gamut of emotions, validates the artistic text as superior to the objectivity of a reporter's story.

Catherine Perricone presents a semantic approximation to the non-verbal elements which complement the characters' actions. Gestures, postures, and clothing all enhance their portrayals and add validity to the iconic and metaphoric connotations evoked by each particular personage.

And Monique Lemaitre, in her study, identifies "desire", in its various forms, and the repression of feelings, as the focal point of the novel. The author's desire to create a novel from a journalistic fact, in order to prevent the event from being erased by time, does not succeed in presenting a solution at the artistic level, to the problem of dictatorship in Latin America. According to Lemaitre, Allende manifests a sense of self-censorship and creates distorted images of the various characters.

The essays on *Eva Luna* offer a variety of critical approaches which point to the existence of a feminine space and to the act of writing revealed through the novel as a feminine discourse.

Ester Gimbernat de González proposes the integral role of the mother-figure throughout *Eva Luna*. The power of the mother as the creator of the protagonist's life is metaphorically related to Eva's progressive dominion of language as she breaks into new areas of expression and knowledge. Gimbernat de González proposes the novel as a text in which the mother-daughter functions are cyclically regenerated.

The heroine, Eva Luna, as examined by Pilar Rotella, represents a new perspective to the feminine saga of *La casa de los espíritus*. On a structural level, the protagonist's views on life are similar to those of the picaresque heroine of the Hispanic narrative. According to Rotella, a feminist reading of the novel enriches the traditional genre with a modern dimension.

Marcelo Coddou focuses on the parodical dimension of *Eva Luna* and the textual games the novel develops with respect to the canonical genres and the new forms of expression such as the language of soap operas, journalism, or advertising. In Coddou's analysis, the notion of the "pleasure of reading" and the "pleasure of writing" appears as the result of a committed reading of Allende's novel.

Wolfgang Karrer, in his study, examines two related aspects of Allende's novel: the transformation of reality through words and the transgressive functions of dressing as they both affect the relationships between sexes. For example, the cross-dressing of the transvestite character Melecio/Mimí illustrates the power of fiction to transform reality, as an artistic proposition.

Gloria Gálvez-Carlisle also proposes the reading of *Eva Luna* as a text related to the picaresque. Unlike the popular picaresque heroes, the protagonist of this novel is self-educated: she learns to read, to use a typewriter, and later she becomes a writer and ultimately gets involved in guerrilla warfare. The twentieth century **pícara** in *Eva Luna*, as compared to the character of the picaresque novel, is allowed a wider range of possibilities.

Edna Aguirre Rehbein examines Allende's orchestration of the roles of Eva the protagonist and Eva the narrator in *Eva Luna* and the author's skillful control of verb tenses to manipulate narrative time. The study focuses on Eva's magical ability to transform reality to her liking through the use of story-telling.

Beyond these literary approaches Isabel Allende herself provided us with her insights into the conceptualization and development of her three novels during an interview in 1989 at her California home. We quote her comments.

La casa de los espíritus:

Al escribir *La casa de los espíritus*, yo no pensé en una novela, lo hice en forma inconsciente . . . Necesitaba sacarme del alma años de parálisis, años de nostalgia, de alguna manera necesitaba recuperar un mundo que había perdido y al recuperarlo a través de lo que escribía recuperaba mi país. Pero no me di cuenta que era un libro. . . . .

De amor y de sombra:

Con mi segunda novela, *De amor y de sombra*, estaba muy dolida por la masacre que cometieron los militares en Chile y por la tragedia de tantas personas que desaparecen en nuestro continente sin que sus familias jamás las encuentren. Me dolía tanto esa realidad que tomé el suceso del hallazgo de unos cadáveres de desaparecidos como una cosa personal pensando que la prensa registra estos hechos, pero la gente pronto los olvida, porque las nuevas noticias borran las anteriores. No hay memoria para lo que sale en la prensa. . . Por eso yo pensé que si lograba hacer un libro, una novela, a partir de aquella historia, podría plasmar esa realidad terrible y hacérsela llegar al corazón a algunos lectores sensibles. . . .

Eva Luna:

Cuando escribí *Eva Luna*, por primera vez, me senté a escribir una novela y quise escribirla en varios niveles. Una novela que fuera como contar un cuento y que fuera la protagonista contándoles a otros el cuento de su propia vida. En *Eva Luna* puse muchas cosas: quería decir, por ejemplo, lo que significa poder contar, cómo a través del contar se van ganando espacios, se va ganando gente, se seduce a un lector. Eva Luna, la protagonista de mi novela cambia sus cuentos por comida, por techo, después por amistad, por amor . . . Yo he estado contando cuentos toda mi vida y puedo cambiárselos a la gente por amistad, por amor, por sueños . . . el poder contar cuentos es un tesoro inagotable. . . .

Sonia Riquelme Rojas
Southwestern University
Georgetown, Texas

Edna Aguirre Rehbein
Concordia Lutheran College
Austin, Texas

January 1991

LA CASA DE LOS ESPÍRITUS

The House of the Spirits

Tránsito Soto: From Periphery to Power

Kavita Panjabi
Jadavpur University
Calcutta, India

A prostitute by the name of Tránsito Soto, confidently seated in an aircraft carrier of forbidden love, the cooperative whorehouse named Christopher Columbus, steers herself from an oppressive past of traffic in women to a utopian future of feminist liberation. All this does indeed seem like a flight of fancy— the surrealistic aircraft, the ironic reversal of history with Christopher Columbus not only revealing the potential for decolonization (and that too of women), but doing so in South America, and also the utopia of vision of equality. What is significant about *The House of the Spirits*, however, is that its subtext cleverly exploits this surface tale of easy fantasy, and, with some striking parallels to Genet's *The Balcony*, reveals complex subversive methods and strategies — both at the socio-economic and psychic levels of narration— that are rich in their transformative potential in the context of both feminist praxis and narrative.

The key to Tránsito Soto's subversion lies not in fantasy, but in her confrontation of the economic and sexual organization of her social system. Gayle Rubin, in her essay, "The Traffic In Women: Notes On The 'Political Economy' of Sex," asserts that

> Cultural evolution provides us with the opportunity to seize control of the means of sexuality, reproduction and socialization, and to make conscious decisions to liberate human sexual life from the archaic relationships which deform it.[1]

All the Trueba women in the novel — Clara, Blanca and Alba — are fiercely independent, and participate indirectly in the transition from a feudal to a socialist to a military rule by either aiding the campesinos, or hiding arms and revolutionaries in the hacienda; yet they always return to the shelter of this patriarchal institution because of their social and economic dependence upon it. Ironically enough, it is Tránsito Soto, the young woman exploited as a prostitute, who achieves real independence and gains a certain control over those in power; and this is possible precisely because she seizes control over the means of sexuality, reproduction and socialization that Rubin talks about.

Tránsito Soto derives power from her very marginality and her rejection of the patriarchal and capitalist structures of society. Patriarchy is imposed in the culture through family relations; Tránsito by "virtue" of being a whore occupies a place outside of any family structure and outside of the male power that organizes it. Capitalist processes are perpetuated in the social formation through the reproductive labor of women; Tránsito and her associates are outside this system of reproduction of the forces. Moreover, having formed a cooperative, they are in control of the "use value" of their own bodies. The process of commodification starts and ends with the women themselves; their labor does not become a part of the capitalist system. In fact when Esteban suggests the possibility of ownership, Tránsito retorts "No thanks patrón... there's no point in trading one capitalist for another. The thing to do is to form a cooperative... You better be careful. If your tenants set up a cooperative, you'd really be finished".[2] Hence, in regaining control of her own sexuality and rejecting the "norm" of reproduction, Tránsito poses a potential and very real threat to both the patriarchal and the capitalist structure of society.

Though these actions give her a certain degree of economic autonomy, they also force her into a position of extreme marginality, leaving her little leverage with respect to the means of socialization. Tránsito, however, has another trump card − her psycho-sexual powers. Annette Kuhn, in her definition of the family asserts that, "the family is definable exactly as property relations and psycho relations... between men and women, and that patriarchy is a structure which unites both sets of relations...".[3] Soto, in her rejection of the family, rejects the relations that exploit women, but in forging sexual relations with men she "capitalizes" on her psychic relations with them. As Kuhn further states, patriarchy is a structure which unites both property and psychic relations and the key to Tránsito Soto's subversion of patriarchy lies in the destruction of this unity. Patriarchy takes the form of domination precisely because the property relations determine the nature of the psychic relations. Soto's relationships with men, shorn of hierarchical property relations, relocate both men and "whores" on a level of psycho-sexual encounter. It is this common ground of mutual dependence between the economic and sexual powers, and between men and women, that Allende finally locates as the site of interaction between Tránsito and the men, and on which Tránsito eventually builds her control.

The conceptualization of such a site of egalitarian interaction between men and women reveals that the term "patriarchy" is totally inadequate for denoting sexual worlds, for, as Rubin asserts, it does not

> maintain a distinction between the human capacity and necessity to create a sensual world, and the empirically **oppressive** ways in which sexual worlds **have been** organized (emphasis mine). Patriarchy subsumes both meanings into the same term.[4]

As an alternative she suggests the term "sex/gender system", which "is a neutral term which refers to the domain and indicates that oppression is not inevitable in that domain, but is the product of the specific social relations which organized it".[5] Let us then locate Tránsito Soto in the domain of the "sex/gender system", and see how and why, after having eliminated the possibility of economic oppression within this domain, Allende deems it possible for Tránsito to use her psycho-sexual power not only to secure the upper hand in her psychic relations with men, but also to gain control over the domain of political power in male-dominated society.

Allende subverts the nexus of masculine power and desire through the figure of Tránsito Soto, the prostitute marginalized by society, and hence relegated to the realm of the "low-Other". Stallybrass and White, in their book *The Politics and Poetics of Transgression*, analyzing the psychological dynamics between the dominant and the dominated subject, assert that

> A recurrent pattern emerges: the "top" attempts to reject and eliminate the bottom of prestige and status, only to discover, not only that it is in some way frequently dependent on the low-Other,...but also that the top **includes** that

low symbolically, as a primarily eroticized constituent of its own fantasy life. The result is a mobile, conflictual fusion of power, fear and desire in the construction of "subjectivity" a psychological dependence upon precisely those Others which are being rigorously opposed and excluded at the social level. It is for this reason that what is **socially peripheral** is so frequently **symbolically central**.[6]

Esteban and Tránsito's relationship is characterized by exactly this combination of dependence and power. Allende gives the enigmatic figure of Tránsito Soto a name that is too heavily loaded in its psychoanalytical implications to be ignored. The figure of **Tránsito** appears in Allende's narrative only in relation to Esteban, and their encounters take place when Esteban is **in transit** between the different stages of his life. The four times when he needs her are, moreover, the four periods of actual crisis for him. The first time is before his marriage with Clara; the second before the birth of his sons Jaime and Nicolás, when Clara is the most distant from him; the third after the death of Clara, when he is at his saddest and loneliest; and the last when he is in despair, and goes to ask her to help him rescue his granddaughter Alba, (who is the only person in the world that he loves after the deaths of Rosa and Clara) from the clutches of the military regime. He himself says, "Now I want to make it clear that I'm not a man for whores and that I've only resorted to them during periods when I've been forced to live alone" (115).

Moreover, in light of the fact that Tránsito's last name **Soto** means **copse or thicket**, it is significant that Esteban visits her only in his moments of solitude, for it suggests that in the person of Tránsito he encounters the hidden copse of his own self. The natural, fertile and spontaneous aspects of Esteban's own nature, shrouded in the dark recesses of his self, are manifest only in his encounters with Tránsito. The taciturn and ill-tempered patriarch actually laughs spontaneously in her company: "...he enjoyed spending time with Tránsito Soto, she made him laugh" (69), and when he is with her after the death of Clara, he says:

Tránsito Soto began to undulate the serpent around her navel, hypnotizing me...Despite everything, I had to laugh, and gradually my own laughter began to affect me like a balm. I tried to trace the serpent's path with my finger, but it slipped away from me, zigzagging." (316)

Revealed to us in his own voice, Tránsito appears as Esteban's fantasy; she is almost a kind of alter-ego for him. On one hand Tránsito is central to his psychic configuration, while on the other she is described in being in possession of the "knowledge of the most secret side of men in power" (421). Hence, for Esteban their relationship is characterized by exactly the combination of power and fear that Stallybrass and White delineate. Esteban desires and needs Tránsito, and he muses: "For a second I toyed with the fantasy that Tránsito was the woman I had always needed" (317); but fear keeps him from really acknowledging his need for her, and therefore from confronting his own repressed desires: "Nor did he return to Tránsito Soto, because he sensed that she embodied the real danger of addiction" (129). These two contrary elements of desire and fear are the basis of a powerful conflict within Esteban, but this very weakness of Esteban's is Tránsito's strength.

Moreover, she occupies a central position of power in the subjectivity of not only Esteban but also her other clients, the generals in power; and this gives her the leverage by which to gain control over them. She eventually uses this unique power to rescue the feudal patriarch's granddaughter, the socialist Alba from their clutches. It is an impressive subversion of both the feudal and the military hierarchy, but what is as important as the actual subversion, is the use to which this gained power is put. Tránsito achieves a certain degree of control in the political domain, and she uses it not for the perpetuation of the same power politics that already vilify it, but for saving life instead of destroying it; she uses it to rescue another woman from the clutches of torture and political intrigue.

It is a subversion in more ways than one— Allende depicts Tránsito demolishing the traditional sex-roles and exercising control over the ruling powers; she also portrays the marginal woman, the "low-Other", being essential for the survival of Alba, the aristocrat or the socialist, whichever way we choose to view her. Finally, there is another layer of irony to this rich palimpsest of subversion when we think of the names of the women involved: only the dark, secret energies of Soto (the copse/inner recesses of the self) can rescue and bring back Alba (the dawn/hope).

This theme of the revolutionary and subversive potential of the marginalized prostitute is, of course, far from an isolated occurrence in literature, and Allende's novel *The House of the Spirits* finds a close parallel in Genet's play *The Balcony*. As The Grand Balcony in Genet's play opens onto the revolution in the streets outside and the prostitutes in revolt inside, so too Soto's Christopher Columbus is the site of both the unmasking of the male powers that perpetuate the political turmoil outside, and the sexual revolution inside. Also, as the prostitutes in *The Balcony* force the men in power, the Bishop, the Judge and the General away from their calm, untroubled state of confidence and superiority, so Tránsito too has the patriarch Esteban breaking down in despair before her.

The most illuminating parallels in the two texts are, however, with respect to the revelation of the unreality of appearance. Genet's theatrical procedure of revealing appearance merely as a mode of being finds striking counterparts in Allende's narration. To begin with, even physically and visually the gimmickry of parallel reflecting mirrors dominated the interiors of both the balcony and the Christopher Columbus, dramatizing the interplay of reality and illusion. In *The Balcony*, Genet has a man from the gas company and other customers don the garb of their fantasies, and play at being a Bishop, a Judge, and a General respectively, pointing to the fact that what is appearance is merely a **mode of being**, molded by the power hierarchies in society. Allende too, through the figure of Tránsito, depicts the "powerless woman" as being merely an appearance, a **mode of being**. Stripping the figures of the Bishop, the Judge and the General of their priestly and military ornaments, Genet shows them to be helpless insecure human beings, and the bishop actually admits this to the prostitutes. He says: "So long as we were in a room in a brothel, we belonged to our own fantasies... You tore us brutally from that delicious, untroubled state".[7] Similarly, in the fantastic setting of the Christopher Columbus, decorated with pseudo Pompeiian frescoes and designed as the interior of an aircraft, Esteban is, in his own words, "hypnotized" and "lulled" (316) by the tattooed and serpentine Tránsito. Using the same strategy as Genet, but to **reverse** purpose, Allende strips the stereotype of the helpless woman of the oppression of economic dependency and capitalist structures, and reveals Tránsito to be a sexually and psychologically powerful person. Even as Soto lulls Esteban and makes him laugh, she tells him about the "benefits of the cooperative and the advantages of the catalog" (316), quietly establishing her own independence. On the other hand, not unlike Genet, Allende strips Esteban of the power that was his ornament, and, reducing him to a powerless status, reveals the patriarch Esteban too as having been just a mode of being, as a mask donned by a helpless man who eventually has to resort to a prostitute for help.

Allende depicts Tránsito as having achieved transition to a position of power through an appropriation of control over her own body and income, and through her use of her sexual and psychological powers. However, not only Tránsito's method, but also her strategy of subversion is important. Tránsito continues to maintain her connection with each faction that comes into power: "She had an excellent relationship with the new government, just as she had with the preceding ones" (417). She is aware of the importance of maintaining contact **with** the system in order to **subvert** the system. Her psycho-sexual reality of being simultaneously peripheral and central to the subjectivity of men translates itself into a parallel strategy of action. Marginal to society, she simultaneously defines a central place in it for herself.

Like Tránsito's praxis, Allende's narration too straddles two worlds — the fantastic and the real. What is most brilliant about her narrative strategy is that she shows Tránsito, and therefore the most "low" repressed elements of Esteban's self, subverting his "superior" and masculine power through his own narrative voice. As Tránsito is both an **insider** and an **outsider** in society, so too, at the narrative level she **is** and simultaneously **is not** a product of his voice. On one level, as a product of his discourse, she represents a fantasy of his, appearing only when he needs her, seeming to have no existence beyond his needs. She simultaneously **transcends** his discourse; and within the broader framework of his granddaughter Alba's discourse she takes on an autonomous existence of her own in the socio-economic world, rejecting the very patriarchal and capitalist system that he represents, securing an independent position of power for herself. Thus, in the final run, as Tránsito derives power precisely from her **meditation** between the socially peripheral and the symbolically central, between the outside and the inside, so Allende's narration too executes a complete subversion of Esteban's monologue. Ironically enough through his **own** voice, by mediating between reality and fantasy, between the socio-economic and the psychic.

Notes

1 Gayle Rubin, "The Traffic in Women: Notes on the 'Political Economy' of Sex," *Feminist Frameworks*, eds. Alison M. Jaggar and Paula S. Rothenberg (New York: McGraw Hill, 1984) 168.

2 Isabel Allende, *The House of the Spirits*, trans. Magda Bogin (New York: Bantam Books, 1986) 118. Subsequent quotes will appear in the text.

3 Annette Kuhn, "Structures of Patriarchy and Capital in the Family," *Feminism and Materialism: Women and Modes of Production*, eds. Annette Kuhn and Anne Marie Wolpe (Boston: Routledge and Kegan Paul, 1978) 42.

4 Rubin, 159-60.

5 Rubin, 160.

6 Peter Stallybrass and Allon White, *The Politics and Poetics of Transgression* (Ithaca: Cornell University Press, 1986) 5.

7 Jean Genet, *The Balcony*, trans. Bernard Frechtman (New York: Random House, 1966) 80.

Works Cited

Allende, Isabel. *The House of the Spirits.* Trans. Magda Bogin. New York: Bantam Books, 1986.

Genet, Jean. *The Balcony.* Trans. Bernard Frechtman. New York: Random House, 1966.

Kuhn, Annette. "Structures of Patriarchy and Capital in the Family." *Feminism and Materialism: Women and Modes of Production.* Eds. Annette Kuhn and Anne Marie Wolpe. Boston: Routledge and Kegan Paul, 1978.

Rubin, Gayle. "The Traffic in Women: Notes on the 'Political Economy' of Sex." *Feminist Frameworks.* Eds. Alison M. Jaggar and Paula S. Rothenberg. New York: Mc Graw Hill, 1984.

Stallybrass, Peter and White, Allon. *The Politics and Poetics of Transgression.* Ithaca: Cornell University Press, 1986.

Nomenklatura in *La casa de los espíritus*

Richard McCallister
Westminster College

Isabel Allende's *La casa de los espíritus* is marked by the use of names that add depth to the characters through their allusions and secondary meanings. This system of names is properly speaking, a nomenclatura.[1] But since in Allende's work, each subset of names also reflects social standing, filiation, and affiliation, I use the Russian term **nomenklatura**, because it indicates sociopolitical standing as well as competence and reliability.[2] Since the novel is rooted in mythic, historical and testimonial events, the allusions and meanings created by the choice of names are rooted in a sort of social-historical hagiography.

The names are significant in regard to their etymological meanings, textual relationships (affiliation and filiation), historical allusions (e.g., heroes and saints of the same name), social allusions (aristocratic versus peasants and proletarian names), and personal allusions (how the name relates to the author's personal experience). Names, then, go beyond a mere textual definition of the character to convey the text's relationship to myth, history, society, and the author. The relationships exist at national, universal, personal, and textual levels.

In *La casa de los espíritus*, these names exist at four levels: aristocratic names, peasant names, proletarian names, and occupational names. Aristocratic names consist of first name plus last name and title, if any. These are unusual and seem to be charged with allusions, e.g., Trueba suggests **tronar, trovar**, which allude to Zeus and other patriarchal deities. The given names of the oligarchy tend to be either unusual (e.g., Férula) or unusually charged with meaning, e.g., the lineage of female names rooted in whiteness and the dawn. The purpose of these names is to maintain an established filial lineage. Peasant names, on the other hand, tend to be very common and, indeed, monotonous. Peasant first names are no more original, for Pedro and Francisca (Pancha) are exceedingly common. This is exacerbated among the repetitive male García lineage whose names are exactly the same. Working class protagonists tend to only have first names, e.g., Amanda and Miguel. The final category of names belongs to those who are known by their occupation, **la nana, el poeta**, and **el candidato** who later becomes **el presidente**. To these four categories must be added the name of declassed persons such as Tránsito Soto and General Hurtado, whose names, like those of the oligarchy, are charged with symbolic meaning. This study will concentrate on feminine names, which present all levels of nomenclature.

Allende's novel is centered around the aristocratic Trueba-del Valle family, whose unusual surnames tend to imbue them with an air of snobbishness and decadence. The first chapter is a description of the childhood of the women of the del Valle family, into which Esteban Trueba marries. Esteban is first betrothed to Rosa del Valle and, after her death, marries Clara del Valle. This order of dynastic relationship from the female line to the male line recalls the succession of Gaia and her progeny by Cronos and, later, the Olympic generation headed by Zeus. This rationale is reinforced by the feminine allusions derived from del Valle, which suggest fertility, comfort, safety, and the womb, and consequently, such mother goddesses as Gaia, Demeter, Tonantzin and Pachamama. The prefix **del** suggests nobility, even though most surnames derived from place names indicate Sephardic ancestry. Trueba, on the other hand, suggests **trueno, tronar**, as well as **trovar, trovador** (thunderbolt, to thunder, versus to find, invent, troubadour). **Trueno** and **tronar** are suggestive of a Sky god such as Zeus, Jupiter, or the early Jehovah, who are unyielding, rapacious, jealous, wrathful, moody, patriarchal. In this light, Esteban Trueba may be seen as an usurper, for though his mother was from an aristocratic family,[3] his father was from an immigrant family. Esteban Trueba is a conservative, politically opposed to the liberal del Valle family. His political stance perhaps is derived from **nouveau riche** longing to be accepted or a sense of insecurity that demands that he shut the door of opportunity behind him. **Trovar** and **trovador**, both derived from Arabic **t-r-b**, allude to romance, the Middle Ages, and rings anachronistic. Interestingly enough, in the sense of "to find", **trovar** also alludes to mining, Esteban's first occupation.[4] Just as importantly, however, it sets the pattern for the defeat of the patriarchal system common to Latin America. If filial ties cannot be passed on through legitimate male progeny, then such ties will be discarded in favor of affiliation.[5]

Esteban, derived from the Greek word for crown, infers glory and is, therefore, an appropriate name for the key protagonist and patriarch of the Trueba family.[6] This destiny is born out by the acts of the various saints named Stephen, all noted for their zealous actions, beginning with the Protomartyr, who died c. 35, the first Christian to die for his faith.[7] His history, however, is partially an apology told by Esteban himself and partially a narration by his granddaughter, Alba, who weaves together the testimony of others, such as that of Clara's diary.

Of the two natures suggested by the last name Trueba, Esteban as a young man originally exhibits that derived from **trovar/ trovador**. This derivation, as well as his lack of a viable inheritance, suggests affiliation, as does his search for social standing through marriage. When all others are terrified to approach Rosa la Bella, Esteban, in spite of his complete penury, asks for her hand. When she accepts, he goes north to mine gold, an extremely risky, if not romantic, profession. While at the mines he writes her constantly, even making copies of each letter.[8] After her death by poisoning he changes completely, he gives up mining to go to the abandoned family estate, Las Tres Marías. As patriarch, he then develops the Zeus-like nature suggested by **trueno, tronar**. In this spirit, he proceeds to violate the young women and punish any young man who steps out of line. But, like Zeus, he is destined to be overthrown by his own progeny, here his grandson, Colonel Esteban García.[9] As namesake of the Protomartyr, Esteban suffers the pain inflicted upon those around him, but, in so many cases, he bears responsibility for that pain. His rape of Pancha García is revenged by Esteban García's rape of Alba, his early support for the overthrow of democracy is revisited in his political impotence under the military regime. Indeed, his acts of usurpation in the name of establishing a patriarchal lineage work precisely to prevent it from happening.

Esteban's sister Férula's unusual nun-like character is reinforced by her strange name, which refers to a piece of cane often used to discipline school children. It also has overtones of **fierro/hierro**, meaning iron, branding iron, or iron weapon. Indeed, her most prominent characteristic is her masculinity.[10] She puts off marriage to take care of her ageing mother and, after the death of her mother, is more servant than family member at Las Tres Marías, especially with Clara, whom she loves deeply. Esteban, in a jealous rage, drives her from the house, and she spurns the money he sends, giving away her belongings, and finally dying in poverty, due to "un malsano placer personal."[11] Due to her unbending nature, she is able to bless the poor who scorn her. She embodies those qualities so admirable in the lives of ancient saints yet so bizarrely masochistic in our own time.

The females of the Trueba-del Valle family, as noted by Marcelo Coddou, all bear names that recall an ascendancy of light.[12] This progression of the dawn corresponds to the Marxist unfolding of history toward **aufgehoben** — the transcendence of history. All have names with clear meanings in Spanish: Nivea, "snow," suggests the coldness of the night before dawn, a glimmer of the whiteness to come.[13] Rosa, "rose or rosy," infers the rosy glow of the first rays of dawn. Clara meaning "clarity," Blanca signifying "whiteness," and Alba, "dawn," complete this progression. Except for Rosa, who dies before marrying, these names also indicate various aspects of whiteness.[14] Within this evolutionary framework, there are distinctive differences among these women. Rosa, after all, stands out due both to her extraordinary beauty and her early death. They have personality differences,[15] but more importantly the process reflects the evolution of women's role in politics and society.[16] This attitudinal evolution toward a modern comprehension of history is reflected in the contrast between mythic and historical views as exhibited by Rosa's embroidery of monsters on her tapestry (the lingering traces of the unconscious world of dreams) and Alba's finishing of her testimonial mural in the attic. Since the only differences between the women's responses to socio-political conditions is due to their respective generations, they display a strong affiliation that is reinforced by their first names. Filiation cannot be claimed, strictly speaking, because they live in a patriarchal society in which surnames are passed from father to son. They do, nevertheless, form a female line that overturns conventional notions of filiation from the traditional patriarchal perspective toward the formation of a new matriarchy.

Nívea is the personification of the progressive woman of her era.[17] But as Glickman points out, she is still a woman of high society with domestic servants.[18] Yet despite her contradictions, she is able to make a positive and definitive impact through her formal activities. This squares with her position at the beginning of the evolutionary process — Nívea, "snow," combines the whiteness of the dawn with the cold of the night. Nívea strikes the first blow against **machismo** cutting down the enormous poplar tree used for male rites of passage.[19] Just as important, is the fact that she bears no male children.

Rosa, "rose, rosy," is characteristic of dawn, yet does not directly participate in the evolution towards light. This reddish tint recalls the blood of the sacrifice of the son to be born, the traces of dark-ness.[20] This is born out in the fantastic beasts embroidered on her tapestry, all of which correspond to monsters of the unconscious-ness. This is also seen in her physical appearance, her watery, green mermaid qualities, the night, and the unconsciousness.[21] As with the rose, in her extraordinary beauty Rosa personifies the per-fect, unattainable flower.[22] Her beauty, visions, and death as a vir-gin recall her namesake Saint Rose of Lima. By name and charac-teristics, she is outside the female lineage.

Just like Esteban is based on Allende's own grandfather, Clara del Valle de Trueba is based on her grandmother.[23] In accordance with the evolution of feminine values begun by Nívea, Clara goes beyond the philanthropy of her mother and engages in social action.[24] Her name invokes clarity with the notion that something must be done, linking her to her namesake, Saint Clare of Assisi.[25] Her name also links her to her psychic gift of clairvoyance, which marks her as a lunatic, but also serves as a label that saves her from embarrassing situations.[26] Clara records family history "para ver las cosas en su real dimensión y para burlar la mala memoria."[27] Clara knows the world as it truly is and does what she feels is expected of her. She does not divorce Esteban, even though she did not marry him for love. Neither does she permit the survival of his traits as a male archetype and prohibits the passing of his name to successive generations.[28] It is precisely this action that prevents

Esteban from establishing his patriarchy, for according to Latin American norms, it is the female who bears the child and the male who names the child. It is Clara who exercises authority, as her daughter and granddaughter will later, even though none of them actually possess Esteban's power.[29] Blanca, Alba's mother, shares with Allende's mother the condition of divorcée.[30] As her name indicates, she continues the process of political and spiritual evolution although she marries the Count de Satigny, rather than Pedro Tercero, for the sake of appearance. Here, nevertheless, she thwarts any true sense of filiation. Her sense of practicality enables her to become a single mother rather than remain with the Count de Satigny. Although she is very conscious of her social class, she goes through a radical transformation after the coup, first and then hiding the "enemies of regime."[31] Finally, she chooses exile in Canada with her beloved Pedro Tercero. Through her actions, she pays the most minimal homage to the patriarchal system—passing on a male's surname to her illegitimate child. Her putative husband, however, is homosexual and engenders no offsprings of his own.

Although most of the other characters are based on one or another family member, Allende steadfastly denies any resemblance to Alba.[32] In Alba, as her name explains, lies the fulfillment of the evolutionary chain that starts with her great-grandmother Nívea. At first she becomes involved with the student movement only because of her love for Miguel. Finally, she identifies with the oppressed and takes action. Unlike her mother and grandmother, she operates within an environment in which she is scorned for her social status. Nevertheless, she still carries the social-cultural baggage of her family, as evidenced by her green hair—a throwback to an earlier generation—and by incestuous desires in her childhood. She learns fortitude, heroism, and solidarity, however, through affiliation—in the streets and in the jail.[33] Alba survives rape and imprisonment to carry a child that may be that of Miguel or that of her cousin and violator, Colonel Esteban García. Indeed, her faith is strengthened by the experience.[34] Through Alba's sufferings, Esteban finally comes to terms with the realities of his native land. Through Alba's role as narrator, Esteban and the others are able to tell the family history. Unlike her mother, Alba makes no pretense of passing on a male name.

García is perhaps the most common surname in the Spanish speaking world. The generic quality of this last name is reinforced by the fact that three generations of sons bear the same first and last name: Pedro García. This situation is not mitigated by the use of middle names or second last names. The lack of the former suggests ignorance, lack of originality, or Indian origin while the lack of the latter indicates illegitimacy. Instead of conventional appellations, the male generations are distinguished by the use of ordinary numbers: Pedro García, Pedro García Segundo and Pedro García Tercero. This generic relationship suggests affiliation as much as filiation—for the constant rapes by the **patrón**, no one can really be sure of true filiation. The name itself is perhaps rooted in **garza**, "heron", the white bird of the dawn. This would tend to symbolize that the future belongs to the spiritually pure—e.g., Pedro Tercero who receives Blanca's love.

Pancha García, although she anticipates her rape by Esteban García, does not try to flee; rather she accepts her fate as her ancestors have. "Antes que ella su madre, antes que su madre su abuela, habían sufrido el mismo destino de perra."[35] Pancha, unlike her male relatives, is known by her nickname, not her real name, which indicates her inferior position. Even though she bears Esteban's first son with no doubt of his paternity, she cannot pass on his last name. The assurance that he was the first to possess her, permits her to pass on his first name. This naming by the mother again contravenes traditional notions of filiation.

As the product of rape, i.e., antithesis of marriage, Esteban García displays the worst qualities of both sets of his ancestors. He is as uneducated as his mother's family and as self-serving and violent as his namesake, Esteban Trueba. This violence does not surface immediately in Esteban's son, but in his grandson, who is conscious of his ancestry yet is not limited by any considerations that a son would show toward a father. When bourgeois democracy is replaced by the fiat of dictatorship, Colonel Esteban García finds himself with the power to avenge his grandmother with the rape of his cousin Alba. Esteban's rage, like that of his grandfather, shows no limits, for he shows neither class solidarity nor gratitude. He betrays his uncle Pedro Tercero to Esteban and later betrays Esteban, who secured him a commission in the **carabineros**. Esteban has clearly inherited his grandfather's character, but rejects any filial ties in favor of his affiliation with the dictatorship.

The great majority of the urban proletariat in the novel bear only first names or the title of their occupation: Amanda, Miguel, **el poeta, el candidato/presidente, la nana.** The only exception is Ana Díaz, who bears a generic name rather like that of the rural García family. This may betray rural origins or simply reflect that she is a friend of Alba, the narrator, who knew her in college and in prison. Neither Amanda nor her brother Miguel are assigned last names, even though both are romantically involved with members of the Trueba family. Their lack of last names stresses their affiliative ties, they have lost any filial links. Although their names are not necessarily unusual, they do have obvious symbolic quality. Amanda, who's name, derived from **amor** suggests, love, both erotic and fraternal, is characterized by her emotions. She loves Nicolás, is loved by Jaime, and in the end, gives up her life for that of her brother, Miguel.[36]

La nana, el poeta, and **el candidato/el presidente** are given neither first names nor last names. As such, they must be seen as exemplary beings: as nanny, poet and candidate/president par excellence. In this sense, they can be seen as members of the proletariat, affiliated with their professions, having transcended any individuality.[37] This squares with György Lukács's idea that affiliation through class consciousness is capable of breaking through the barriers set by the capitalist order.[38] In the case of **la nana**, the lack of names also indicates the surrender of family and personal identity in the service of others.

Tránsito Soto is the prostitute who rises above her humble origins at the country town near Las Tres Marías to become brothel madam in the capital at El Hotel Cristóbal Colón. The name Tránsito indicates social mobility—in her case based on her sexual mobility. Indeed, she finally finds herself with more social and political importance than Senator Esteban Trueba. Her masculine name indicates her "manly" ambitions and desire for power and independence. Soto can be linked to the **mons veneris**, the tool of her trade, as well as the Chilean phrase "**Pensión Soto,...casa, comida y poto**".[39] After the coup that he himself provoked, Esteban Trueba is politically impotent and can do nothing to rescue his granddaughter from the concentration camp. Only Tránsito Soto, the young prostitute to whom Esteban once lent 50 pesos, is able to intervene and save Alba's life.[40] Her rise and nature completely contradict the patriarchal ambitions Esteban Trueba displayed at the beginning of the novel.

The name of each character has aided in defining that character's social rank and function in the novel. The novel is somewhat fatalistic with respect to the function of names, because they provide a final analysis of the characters. At the textual level, names reflect the character's personality, social background, and political outlook, e.g., the female of the Trueba del Valle family and the Pedro García lineage represents political evolution, while Esteban García is a throwback to the arbitrary **machista** authoritarianism of his grandfather and namesake, Esteban Trueba.

At the mythic level, the names conjure up the memories of cultural heroes such as Saint Michael the Archangel, Saint Peter—the keeper of the keys to heaven, and various martyrs in the cause for illumination. The death of Rosa may represent, at the mythic level, a sacrifice that explores the forces of darkness. The importance of assigning these names lies in what they infer beyond the character's textual deeds.

As René Jara points out, *La casa de los espíritus* offers a social-historical synopsis from a female point of view of Chilean society from the 1920's to the present.[41] The character's names reflect various popular attitudes toward social-political phenomena—the combative stance of Miguel and the reformist tendencies of Nívea on the left to the reckless imposition of power by General Hurtado and the Estebans. From a feminist point of view the novel displays the victory over patriarchy. Each subsequent female generation rejects filiation with its respective father in ever greater degrees: Clara del Valle marries below her social class, Blanca Trueba bears the illegitimate daughter of her father's **peón**, Alba de Satigny, in the end, does not even know whose child she carries. Yet traits and similar names are carried through the female line—suggesting a new version of filiation through the female line. The line is extinguished in all cases: neither of Esteban's sons marry—Nicolás' child is aborted, Jean de Satigny, as a homosexual, produces no children indeed, in fact, he only gives his name to Alba in return for Blanca's dowry. Pedro García Tercero is not allowed to acknowledge his daughter. Esteban García, like his grandfather, attempts to force the continuation of his lineage while Miguel has progressed beyond such pretenses of patriarchy—yet we never know whose child Alba carries.

Allende has used names to declare not only the nature, but also the destiny of each character and, correspondingly, of Chile itself. She has combined the **nomenklatura** with an astute use of time in which names contain prophecies, and in which time belies convention. Time is both linear, as seen in the female Trueba del Valle and Pedro García lineages (filiation), and circular, as in the case Esteban Trueba and Esteban García (affiliation). The result is a Dantesque spiral toward political salvation.

Notes

1 *Oxford English Dictionary* 1966 VII:184.

2 Archie Brown, "Nomenklatura," *Cambridge Encyclopedia of Russia and the Soviet Union* (Cambridge: Cambridge UP, 1982) 301.

3 "(l)levaba el apellido más noble y linajudo del Virreinato de Lima." Isabel Allende, *La casa de los espíritus* (Barcelona: Plaza y Janés, 1982) 47.

4 Compare this to the Chilean slang term **mina**, "girlfriend," literally "mine."

5 See Edward W. Said, *The World, the Text and the Critic* (Cambridge: Harvard UP, 1983) 16-25. I thank Ricardo Gutiérrez-Mouat for bringing this to my attention.

6 As Isabel Allende admits, Esteban Trueba was inspired by her grandfather. Magdalena García Pinto, "Entrevista con Isabel Allende en Nueva York", abril 1985, *Historias íntimas: conversaciones con diez escritoras latinoamericanas* (Hanover, NH: Eds. del Norte, 1988) 5ss. Allende also tells us that his qualities are those of Esteban Trueba. Allende, "Los libros tienen sus propios espíritus," Marcelo Coddou, *Los libros tienen sus propios espíritus* (Xalapa: U Veracruzana P, 1986) 16.

7 See *Acts of the Apostles*, chapters vi & vii. Appropriately enough, his feast day is December 26, the day after Christmas. Donald Attwater, *The Penguin Dictionary of Saints* (Harmondsworth, UK: Penguin, 1980) 313. Hagiography is the history of saints, and sainthood is almost always an affiliation, rather than a filiative tie.

8 Allende, *La casa* 26-28.

9 See Said, 113.

10 Juan Manuel Marcos y Teresa Méndez-Faith, "Multiplicidad, dialéctica y reconciliación del discurso en *La casa de los espíritus*," Coddou 66.

11 See Nora Glickman, "Los personajes femeninos en *La casa de los espíritus*," Coddou 58; and Gabriela Mora, "Ruptura y perseverancia de estereotipos en *La casa de los espíritus*," Coddou 73.

12 Marcelo Coddou, "Dimensión del feminismo en Isabel Allende," Coddou 30.

13 Mario Rodríguez Fernández, "García Márquez/Isabel Allende: Relación textual," Coddou 81.

14 García Pinto 12.

15 "En el amor, sólo Blanca es romántica incurable. Rosa la bella, 'rara vez pensaba en su novio' Clara se casa sin amor pero goza del sexo." Mora 72.

16 "A través de las cuatro heroínas de la novela observamos cómo emergen los roles tradicionales de la mujer para revelarnos nuevas dimensiones. Son tres los aspectos fundamentales que la autora explica en su texto: la toma de una conciencia social y política; la revalorización de las relaciones afectivas de la mujer; la fragmentación del personaje femenino" (Glickman 55).

17 "Nívea, **esposa** de un senador liberal, ha luchado por una serie de reivindicaciones sociales, entre las que se cuentan el voto femenino, la legalización de los hijos naturales, el matrimonio civil y el divorcio...Nívea, como casi todos los personajes de la novela, tiene un valor de símbolo, ya que representa un movimiento histórico real." René Campos, "*La casa de los espíritus*: de la historia a la historia," Coddou 23.

18 Glickman 55.

19 Al "cortar el enorme álamo donde los niños graban su nombre en un 'rito de iniciación' masculino, Nívea se opone a 'la arbitrariedad' de la dominación machista." Glickman 56-57. This is also the first step toward the overthrow of patriarchy.

20 Juan Eduardo Cirlot, *A Dictionary of Symbolism*, trans. Jack Sage (NY: Philosophical Library, 1984) 304. In this context, her name recalls the Odyssey's "rosy fingers of the dawn," that presage adventure.

21 Mario A. Rojas, "*La casa de los espíritus* de Isabel Allende: un caleidoscopio de espejos desordenados," Coddou 85-86.

22 J.C. Cooper, *Encyclopedia of Traditional Symbols* (London: Thames and Hudson, 1978) 141.

23 Allende, "Los libros" 16.

24 Glickman 56.

25 Saint Claire, a woman of noble family, founded the Caretians under the influence of Saint Francis of Assisi. She renounced property and lived on alms, becoming a notable contemplative. Attwater 87.

26 Glickman 59. "Her name contrasts with the Mora sisters, whose name means "dark" and perhaps is a contrast between black and white magic.

27 Allende *La casa* 379, often in Campos 22.

28 Glickman 57.

29 René Jara, *Los límites de la representación: la novela chilena del golpe* (Valencia: Fundación Instituto Shakespeare/Instituto de Cine y Radio-Televisión, 1985) 19-20.

30 Allende 17.

31 Campos 23.

32 García Pinto 18-19.

33 Glickman 56.

34 "Con ellos están, asimismo, los fantasmas que le ayudan a desplazar los límites oficiales de la historia." Jara 21.

35 Allende, *La casa* 57-58, often in Glickman 58.

36 Her name is commemorated in Víctor Jara's "Yo recuerdo a Amanda," a song that characterizes her as a female representative of the common people.

37 *La capital* also falls into this category, for unlike Las Tres Marías, one of many estates, it is the only capital.

38 Said 19.

39 Radomiro Spottorno, *Glosario del amor chileno* (París, Santiago de Chile: Grillom, 1987). Her brothel, the Cristóbal Colón, then, suggests the discovery of "a new world."

40 Jara 21.

41 Jara 7.

Works Cited

Allende, Isabel. "Los libros tienen sus propios espíritus." *Los libros tienen sus propios espíritus.* Ed. Marcelo Coddou. Xalapa: Universidad Veracruzana P, 1987. 15-20.

_____. "La escritura," *Exégesis* 1-4 (enero-abril 1988): 13-19.

Campos, René. "*La casa de los espíritus*: Mirada, espacio, discurso de la otra historia." *Los libros tienen sus propios espíritus.* Ed. Marcelo Coddou. Xalapa: Universidad Veracruzana P, 1987. 21-28.

Coddou, Marcelo. "*La casa de los espíritus*: de la historia a la historia," *Los libros tienen sus propios espíritus.* Xalapa: Universidad Veracruzana P, 1986. 7-14.

_____. "Dimensión del feminismo en Isabel Allende," *Los libros tienen sus propios espíritus.* Xalapa: Universidad Veracruzana P, 1987. 29-53.

García Pinto, Magdalena. "Entrevista con Isabel Allende en Nueva York, abril 1985." *Historias íntimas: conversaciones con diez escritoras latinoamericanas.* Hanover, NH: Eds. del Norte, 1988. 3-26.

Glickman, Nora. "Los personajes femeninos en *La casa de los espíritus*." *Los libros tienen sus propios espíritus.* Ed. Marcelo Coddou. Xalapa: Universidad Veracruzana P, 1987. 54-60.

Jara, René. *Los límites de la representación: la novela chilena del golpe.* Valencia: Fundación Instituto Shakespeare/Instituto de Cine y Radio-Televisión, 1985.

Marcos, Juan Manuel y Teresa Méndez-Faith. "Multiplicidad, dialéctica y reconciliación del discurso en *La casa de los espíritus*." *Los libros tienen sus propios espíritus.* Ed. Marcelo Coddou. Xalapa: Universidad Veracruzana P, 1987. 61-70.

Mora, Gabriela. "Ruptura y perseverancia de estereotipos en *La casa de los espíritus*." *Los libros tienen sus propios espíritus.* Ed. Marcelo Coddou. Xalapa: Universidad Veracruzana P, 1987. 71-78.

Rodríguez Fernández, Mario. "García Márquez/Isabel Allende: Relación textual." *Los libros tienen sus propios espíritus.* Ed. Marcelo Coddou. Xalapa: Universidad Veracruzana P, 1987. 79-82.

Rojas, Mario A. "*La casa de los espíritus* de Isabel Allende: un caleidoscopio de espejos desordenados." *Los libros tienen sus propios espíritus.* Ed. Marcelo Coddou. Xalapa: Universidad Veracruzana P, 1987. 83-90.

_____. "*La casa de los espíritus*: una aproximación socio-lingüística." *Los libros tienen sus propios espíritus.* Ed. Marcelo Coddou. Xalapa: Universidad Veracruzana P, 1987. 91-99.

Spottorno, Radomiro. *Glosario del amor chileno.* París, Santiago de Chile: Grillom, 1987.

Los espíritus literarios y políticos de Isabel Allende

Rodrigo Cánovas
Universidad Católica de Chile

Debo la lectura de *La casa de los espíritus* a la feliz insistencia de las mujeres de mi familia, más cercanas a antiguos programas de radio y rápidos vistazos a la prensa que al espíritu aristocrático de nuestra academia literaria. Dos prejuicios me impedían leer el libro, uno de carácter literario y otro político. Al parecer, era una copia pasiva de otro gran libro (algo así como su **vulgata**) y, en el plano ideológico, presentaba la historia mal contada de nuestra tradiciones (presentía allí la escritura de páginas heroicas). Este ensayo -que habla de literatura, política y textualidad femenina — está escrito para subvertir esos dos juicios previos y ojalá que también ayude a modificar en algo nuestras inamovibles pautas de lectura.

Nadie discute que *La casa de los espíritus* de Isabel Allende está escrita a imagen y semejanza de *Cien años de soledad*; la intriga consiste en delimitar este parecido y proponer su función estética y cultural.[1]

La misma Isabel registra de diversos modos este parentesco en su escritura. Tomemos como ejemplo las últimas líneas de la novela, que constituyen un sutil comentario de la organización de todo el relato de su deuda con García Márquez. Habla Alba:

Mi abuela escribió durante cincuenta años en sus cuadernos de anotar la vida. ...Los tengo aquí, a mis pies, atados con cintas de colores, separados por acontecimientos y no por orden cronológico, tal como ella los dejó antes de irse. Clara los escribió para que me sirvieran ahora para rescatar las cosas del pasado y sobrevivir a mi propio espanto. (380)

Al igual que la novela caribeña, hay manuscritos que deben ser descifrados, pequeñas biblias familiares que incluyen todas las versiones de una historia personal y colectiva. Alba, con su rol de lectora, ha descubierto el orden secreto de esos cuadernos: allí se narran acontecimientos omitiendo el factor tiempo. Lo que cuenta la abuela es idéntico a lo que cuenta la nieta; lo que ésta agrega, entonces, es un modo especial de maniobrar el tiempo (narrativo), siguiendo la receta de avances y retrocesos continuos, propuesta por García Márquez.[2] El inicio de la ficción muestra este vaivén caribeño de un modo ejemplar:

> Barrabás llegó a la familia por vía marítima, anotó la niña Clara con su delicada caligrafía. **Ya entonces** tenía el hábito de escribir las cosas importantes y **más tarde**, cuando se quedó muda, escribía las trivialidades sin sospechar que **cincuenta años después**, sus cuadernos me servirían para rescatar la memoria del pasado y para sobrevivir a mi propio espanto. (9, énfasis mío)

Anotemos, de paso, que este comienzo es —a nivel discursivo— igual que el comienzo de *Cien años de soledad*:

> **Muchos años después**, frente al pelotón de fusilamiento, el coronel Aureliano Buendía había de recordar **aquella tarde remota** en que su padre lo llevó a conocer el hielo. Macondo era **entonces** una aldea de veinte casas de barro y cañabrava construidas a la orilla de un río de aguas diáfanas que se precipitaban por un lecho de piedras pulidas, blancas y enormes como huevos prehistóricos.[3]

Quien leyera sólo el capítulo I de la novela chilena, pensaría que es un ejercicio de pastiche realizado en el colegio. Quien se atreva a seguir leyendo, comprende que su inicio tiene como función primordial informarle al lector que está construida con los mismos procedimientos de *Cien años*. Así, por ejemplo, la figura de Barrabás, nombre que inaugura el libro, está incluida para entrenar al lector en los procedimientos de la hipérbole y del decir popular como organizadores de lo real.[4] Veamos: recién comenzada la lectura de *La casa de los espíritus*, en la sexta línea, se nos dice:

> El día que llegó Barrabás era Jueves Santo. Venía en una jaula indigna, cubierto de sus propios excrementos y orines, con una mirada extraviada de preso miserable e indefenso, pero ya se adivinaba —por el porte real de su cabeza y el tamaño de su esqueleto— el gigante legendario que llegó a ser. (9)

Quince páginas más tarde se nos otorga la identidad de Barrabás: un perrito chillón. La primera mención de Barrabás genera falsas expectativas en el lector; éste cree que el sujeto es maravilloso, pero luego comprueba que lo maravilloso no es la cosa sino el lenguaje adscrito a ella.

Siguiendo con Barrabás, en la página 24 se nos dice que "tenía una ilimitada capacidad de crecimiento. A los seis meses era del tamaño de una oveja y al año tenía las proporciones de un potrillo". Al leer esta frase, pensamos que estamos al frente de un hecho, de un acontecimiento. Sin embargo, en la página siguiente se nos aclara que

> **la fantasía popular** y la ignorancia respecto a su raza, atribuyeron a Barrabás características mitológicas. **Contaban que** siguió creciendo y que si no hubiera puesto fin a su existencia la brutalidad de un carnicero, habría llegado a tener el tamaño de un camello. (25, énfasis mío)

Esta frase traduce la anterior: Barrabás no tiene "una ilimitada capacidad de crecimiento." Nuevamente, lo que aquí aumenta no es la cosa sino el lenguaje adscrito a la imaginería popular que privilegia la hipérbole: "Contaban que . . .". En resumen, este capítulo I familiariza al lector con los trucos literarios que hacen interesante una historia y le recuerda su lugar de procedencia que es *Cien años de soledad*.

De modo más amplio, estas primeras 33 páginas del libro están concebidas por la autoría para que el lector se acostumbre a pensar toda la novela en dos niveles: como una imitación de la realidad histórica (por ejemplo, el Chile de este siglo) y como una imitación de la literatura (las situaciones de *Cien años*). Hay, incluso, personajes sólo engendrados en el ámbito literario. El triste yacer de Rosa la Bella —inmovilizada por un veneno voraz, abierta a cuchillo sobre la mesa de autopsia y violado su ataúd por un amante necrofílico— registra de un modo invertido la sublime ascensión a los cielos de una niña inmaculada, la Remedios. En fin, para hacer aún más manifiesto el carácter dialógico de esta novela, aparece la figura paródica del tío Marcos, que en unas cuantas páginas realiza acciones que los Buendía hacen en cien años. El doble del tío Marcos es, obviamente, García Márquez.

En breve, el capítulo I nos pone en antecedentes de un parentesco literario. Ahora bien, este parentesco no se da en la novela sólo a nivel discursivo —en los modos de fabular—, sino también a nivel del cuento mismo: se narra la historia de una familia y se diagrama un árbol genealógico.

El tablero familiar chileno está compuesto como una cita de aquel otro de los Buendía. Acaso la alusión más transparente ocurra en la discusión sobre los nombres: a diferencia de lo que ocurre con los Buendía, los personajes femeninos chilenos serán bautizados con nombres distintos. La narradora de *La casa de los espíritus*, dice: "Su madre quería llamarla Clara, pero su abuela no era partidaria de repetir los nombres en la familia, porque eso siembra confusión en los cuadernos de anotar la vida." (233)

Se hace aquí un doble comentario. Se otorga una pista para que el lector deduzca que, nuevamente, la relación entre esta ficción y lo real está mediatizada por la novela caribeña. Sospecho que también existe una crítica a la novela de García Márquez, en tanto presenta complicaciones innecesarias, lo cual redundaría en la exclusión de cierto público, por ejemplo, la dueña de casa de clase media que sólo lee diarios y revistas. La novela chilena incluirá a esos públicos en la medida en que es obvia y didáctica —de allí proviene el contraste entre los cuadernos de Clara y los manuscritos en sánscrito del sabio Melquíades.

La filiación de Isabel Allende a García Márquez —aludida expresamente, como deuda, en el capítulo I— conlleva el repudio de otro modelo, el del criollismo, el de la novela "realista" que censuraría una frase como "sentía el corazón batiéndole como un tambor africano de impaciencia y de ansiedad", (127). Sin embargo, su vocación de claridad hace que la narración sea bastante explicativa, a tal punto que al lector se le priva hasta del derecho de la educación. Por ejemplo, cuando Jaime practica un raspaje a Amanda, para salvar de la paternidad a su hermano mellizo Nicolás, de inmediato la narradora nos recuerda —como madre diligente— que no es la primera vez que lo ayuda y menciona de nuevo escenas de colegio ya nombradas 40 páginas antes, donde Jaime el Bueno sale en defensa de Colacho el Travieso. (Véanse las páginas 206-209 y 168-169.)

El árbol genealógico de Isabel está construido conscientemente como opuesto y complementario al de Gabriel. Si en *Cien años* los Buendía logran descendencia a través de la rama masculina, en nuestra *Casa* son las mujeres las que entusiastamente pasan a la historia. Si en un caso, uno de los gemelos Buendía es progenitor, en el otro, los mellizos no lo son, pues lo que hace uno: Nicolás concibiendo un hijo en Amanda, lo destruye el otro: Jaime haciendo el correspondiente raspaje. La novela chilena continúa el árbol genealógico allí donde el libro caribeño lo había centrado. Cuando una mujer Buendía concibe, todos pagan el pecado: la madre, porque le sale un hijo con cola de cerdo, y el lector, porque se acaba la historia.

La intención de contar una historia centrada en la mujer, es aludida ejemplarmente cuando Nívea lleva a la niña Clara a la ventana y le muestra el tronco seco de un álamo, emblema del árbol genealógico familiar:

> Era un árbol enorme...Cada hombre de la familia del Valle, cuando quiso ponerse pantalones largos, tuvo que treparlo para probar su valor. Era algo así como un rito de iniciación. El árbol estaba lleno de marcas. ... Por las iniciales grabadas en el tronco se sabía de los que habían subido más alto, de los más valientes , y también de los que se habían detenido, asustados. Un día le tocó a Jerónimo, el primo ciego. Subió tanteando las ramas sin vacilar, porque no veía la altura y no presentía el vacío. Llegó a la cima, pero no pudo terminar la jota de su inicial, porque se desprendió como una gárgola y se fue de cabeza al suelo, a los pies de su padre y de su hermano. ... Ya sabía que algún día mis hijos tendrían que continuar esa bárbara tradición. Por eso lo hice cortar. No quería que Luis y los otros niños crecieran con la sombra de ese patíbulo en la ventana. (77)

El corte de Nívea inaugura la línea femenina en el árbol genealógico. Sintomáticamente, la niña Clara, que había quedado muda en el capítulo I —al presenciar la autopsia de su hermana—, recobra el habla en este capítulo III, líneas después de la alusión al árbol e inmediatamente después anuncia su casamiento.[5] Su primer hijo será una hija, Blanca. Ella a su vez. será la única de la familia Trueba que concibe, y también tendrá una niña, Alba. Las mujeres mantienen la estirpe.

En las dos novelas las relaciones de parentesco se generan desde la transgresión a una ley. Habrá uniones sexuales consideradas como prohibidas, ya sea porque los sujetos son parientes (en la novela chilena, Alba es violada por su primo Esteban) o porque pertenecen a clases sociales distintas (en la novela caribeña, Meme tiene amores con el modesto Mauricio Babilonia). Sin embargo, en el caso chileno, el incesto por lazos de sangre es más bien un acto simbólico que ilustra las contradicciones sociales de una época: Esteban García viola a Alba porque es un resentido social.

Si el organigrama familiar de *Cien años* tiende a reunir a tías y sobrinos, el de *La casa* diagrama la conflictiva unión de ricos y pobres. Por ejemplo, al lado de los ricos está la figura del latifundista y al lado de los pobres está la figura del campesino. La unión de **un** latifundista con **una** campesina es forzada y engendra el rencor (es el caso de Esteban Trueba y Pancha García, que da origen a la estirpe maldita de los Esteban). A la inversa, la unión de Blanca (hija de latifundista) y Pedro Tercero (campesino pobre) es un acto de amor, que inaugura un nuevo ciclo, Alba.

Señales que si en *Cien años* las relaciones de parentesco diagraman el mito de Edipo, en *La casa* ilustran más bien el itinerario de las clases sociales de Chile en este siglo, según la teoría marxista. Así, amoríos y violaciones son un emblema de la lucha de clases, lo cual se hace evidente, por ejemplo, en la última página de la novela, cuando Alba reflexiona sobre el abuso de que ha sido objeto:

> Sospecho que todo lo ocurrido no es fortuito, sino que corresponde a un destino dibujado antes de mi nacimiento y Esteban García es parte de este dibujo. Es un trazo tosco y torcido, pero ninguna pinceladas es inútil. El día en que mi abuelo volteó entre los matorrales del río a su abuela, Pancha García, agregó otro eslabón en una cadena de hechos que debían cumplirse. Después el nieto de la mujer violada repite el gesto con la nieta del violador y dentro de cuarenta años, tal vez, mi nieto tumbe entre las matas del río a la suya y así, por los siglos venideros, en una historia inacabable de dolor, de sangre y de amor. (379)

Ejercitando una segunda mirada sobre las familias de esta novela chilena, se nos ocurre pensar que hay dos ejes: el femenino, señalado en la serie Nívea - Clara - Blanca, y el masculino, en la serie de los campesinos García: Pedro el Viejo - Pedro Segundo - Pedro Tercero. Cada una de estas series incluye lateralmente una rama de sexo contrario que no prospera: junto a **los** García, está Pancha, cuya descendencia será espuria; junto a **las** Níveas, está Esteban Trueba, cuya descendencia masculina quedará tronchada (puesto que sus hijos hombres no tendrán hijos) o será, también, espuria.

Esta lectura del diagrama ilumina el juego intertextual entre dos novelas y dos novelistas. El diálogo entre los García y las Níveas (hombres buenos con mujeres puras) es el diálogo entre los dos sexos. Como el resultado de esta unión es Alba, en esta ocasión la suma de masculino y femenino da femenino. Si las mujeres (que nunca llevan apellido) son un **alter ego** de la Allende, es porque los García concuerdan con García Márquez.

Hay aquí una jugada textual que es necesario explicar. A nivel estático, el texto de García Márquez y el de Allende establecen una relación de antecedente-consecuente. Sin embargo, en la medida en que Allende une en su historia a un García con Blanca y lo convierte en padre de una niña (es decir, en un "chancletero"), revierte, en un nivel simbólico, la relación de causa-efecto. Así, retroactivamente, el encuentro entre un escritor colombiano y una escritora chilena se asemeja más bien al de un humilde servidor y una alegre antropófaga. En términos semióticos, un texto incorpora a otro, se nutre de él, siguiendo los ritmos de la compulsión oral.

De la lectura de ambas novelas, es posible formular una hipótesis sobre la fantasías masculinas y femeninas que habitan en ellas. Con Freud, sugerimos que los Buendía enuncian la vigencia de los hombres invocando la **fase fálica** del sujeto: hubo una vez en que todos, sin distinción, tuvieron un órgano genital masculino.[6] En este esquema, las mujeres son penetradas. En *La casa*, los personajes fundamentales enuncian la emergencia de las mujeres invocando la **fase oral**; en este caso, nos comemos los unos a los otros.[7] En esta acción el hombre se revela, al parecer, menos diestro.

Los "espíritus" de *La casa* señalan como contexto dos nombres propios: Gabriel García Márquez y Salvador Allende. El primer nombre abre la novela a la contingencia literaria y el segundo, a la política. Este libro nos otorga un precioso don: la versión que la izquierda chilena ha tenido de nuestro pasado histórico.

Señalamos, primero, cómo esta novela construye su referente —la sociedad chilena—, para luego mencionar cómo la lee, cómo interpreta nuestra historia. La novela indica al lector un contexto específico a través de las efemérides, es decir, desde la mención de sucesos notables ocurridos en diferentes épocas en Chile: elecciones, terremotos, el asalto al Palacio Presidencial, la quema de libros.

De un modo más amplio, hay muchas secuencias de datos que recrean una atmósfera que devuelve al lector a épocas pasadas de la vida nacional. Por ejemplo, la mención de las minas de oro y plata en el Norte, de los fundos del valle central y la Bolsa de Valores dibujan un paisaje geográfico y económico fácilmente reconocible para el lector **chilensis**. Incluso, habría secuencias que nos conectan con nuestra historia literaria, no tanto porque aludan a ella sino más bien porque esta escritura está programada para generar en el lector una pulsión evocativa. Así, por ejemplo, yo asocio la siguiente visión que tiene Esteban Trueba de la urbe

—cuando se reintegra a ella en busca de una Cenicienta— con la poesía vanguardista:

> La ciudad le pareció desconocida, había un desorden de modernismo... estropicio de obreros haciendo hoyos en el pavimento, quitando árboles para poner postes, quitando postes para poner edificios, quitando edificios para plantar árboles. (79)

Esta imagen de los años 20 convoca en mi lectura un fragmento de *Altazor*, muy antologado, que reza así:

> Sabemos posar un beso como una mirada / Plantar miradas como árboles / Enjaular árboles como pájaros / Regar pájaros como heliotropos / Tocar un heliotropo como una música / Vaciar una música como un saco. (Canto III)

Esta novela atrae al lector a un tiempo ya ido y —lo más importante— también le expone una interpretación especial de ese tiempo, al diseñar los personajes y sus relaciones como emblemas de grupos sociales en conflicto (siguiendo el pensamiento marxista). Veamos: no puede haber amor entre Amanda y Nicolás, sino traición, pues nunca ha habido una alianza entre la clase media y la oligarquía en Chile; hay un amor fallido y culpable entre Amanda y Jaime, en tanto los sectores medios progresistas siempre han descubierto tarde sus errores y debilidades. No interesa averiguar cuánta verdad hay en la versión que aquí se nos presenta; lo relevante consiste en producir un **contacto** en la mente del lector entre la historia chilena y la interpretación marxista de ella, que está censurada.

¿Cómo es posible, entonces, que este libro sea leído incluso por gente muy alejada de una cultura disidente o contestataria? ¿A qué se debe que sea una de las novelas chilenas de más éxito en la última década?

Intento una respuesta. Isabel Allende conquista a sus lectores por el carácter folletinesco de la anécdota que relata. Se sigue aquí una receta de telenovela: la gente se enamora de quien no debe, damas y galanes sufren mucho, todos cargan su pequeña cruz y, al final, hay conversiones: malos que pasan al bando de los buenos (el viejo Trueba zarandeado por los soldados) y buenos que se transforman en mártires (Alba en la prisión).

Sin embargo, esta novela-rosa es muy especial, ya que su código plantea la posibilidad de cambios sociales y revolucionarios. Así, si en la teleserie de los 70 *Muchacha italiana viene a casarse* la vulgar sirvienta que conquista al señorito resulta ser, después de todo, una duquesa; en *La casa de los espíritus* una niña de apellido noble resulta ser la hija de un campesino de ojotas residente, de seguro, en las cercanías de Linares o Talca.

Isabel Allende manipula modelos literarios adscritos a una literatura de masas y les otorga nuevos contenidos. Usando ciertas fórmulas de la novela-rosa, nuestro texto amplía su auditorio y reduce el margen de censura subjetiva a la cual se ve sujeta la recepción actual chilena.

La autoría maneja también con prudencia su carácter contestatario y sólo en la página 301 —con la audiencia asegurada e, incluso, en ascuas, porque la narración ha avanzado hasta 1970— comienza a hacer explícito su código ideológico. Su testimonio sobre la represión desatada en contra de la izquierda y de las tradiciones democráticas del país resulta eficaz, porque tiene la rapidez, el entusiasmo y la espontaneidad del reportaje periodístico —género que privilegia lo concreto sobre lo abstracto, lo cotidiano sobre lo transcendente, el golpe al mentón sobre la cachetada metafísica:

> El mercado negro terminó en el mismo instante en que bombardearon el Palacio Presidencial, porque los especuladores fueron amenazados con ley marcial y fusilamiento. En las tiendas comenzaron a venderse cosas que no se conocían ni de nombre, y otras que antes sólo conseguían los ricos de contrabando. Nunca había estado más hermosa la ciudad. Nunca la alta burguesía había sido más feliz: podía comprar whisky a destajo y automóviles a crédito. (336)

Finalmente se puede señalar que aunque esta novela está escrita en el exilio, no es nostálgica; y que aún cuando Isabel Allende es de izquierda, no demuestra ninguna vocación masoquista, lo cual nos libera de la aristocrática gravedad a que nos tienen acostumbrados las letras chilenas.

Notas

1   Isabel Allende. *La casa de los espíritus* (Barcelona: Plaza y Janés, 1982). Usaremos esta edición para nuestro análisis y en lo sucesivo señalaremos la página entre paréntesis.

2   Apelamos aquí a la lectura del libro de Josefina Ludmer, *Cien años de soledad. Una interpretación* (Buenos Aires: Centro Editor de América Latina, 1985). Nuestro ensayo comparativo le debe mucho a este texto.

3   Gabriel García Márquez. *Cien años de soledad* (Buenos Aires: Sudamericana, 1971) 9.

4   Para un novedoso estudio de la escritura "refranesca" de García Márquez (la anécdota de sus libros no tienen como referente tanto **lo real** sino algún simple refrán popular), véase el ensayo de Jorge Guzmán *"Cien años de soledad*: en vez de dioses, lenguaje" incluido en su libro *Diferencias latinoamericanas* (Santiago: Departamento de Estudios Humanísticos, Universidad de Chile, 1984).

5   Tanto la alusión que se hace en la novela al árbol genealógico como el contexto que rodea esta mención fueron señalados por el estudiante alemán, amigo André Ammon, en una clase de literatura.

6   Fase fálica: "Fase de organización infantil de la libido que sigue a las fases oral y anal y se caracteriza por una unificación de las pulsiones parciales bajo la primacía de los órganos genitales; pero, a diferencia de la organización genital puberal, el niño o la niña no reconocen en esta fase más que órgano genital, el masculino, y la oposición de los sexos equivale a la oposición fálico-castrado." J. Laplanche, J. B Pontalis, *Diccionario de psicoanálisis* (Barcelona: Labor, 1971) 152.

7   La fase oral: "En 1905, después de haber reconocido la existencia de la organización anal, describe como primera fase de la sexualidad la fase oral o canibalística. La fuente es la zona oral; el objeto se encuentra en estrecha relación con el de la alimentación, el fin es la incorporación. Así, pues, el acento no se hace recaer solamente en una zona erógena (una excitación y un placer específicos), sino también en un modo de relación, la incorporación; el psicoanálisis muestra que ésta, en los fantasmas infantiles, no solamente está relacionada con la actividad bucal, sino que se atribuye también a otras funciones (por ejemplo, respiración, visión)." Laplanche y Pontalis 157. Más información sobre las fases y bibliografía pertinente en las páginas 149-159.

Obras citadas

Allende, Isabel. *La casa de los espíritus.* Barcelona: Plaza y Janés, 1982.

García Márquez, Gabriel. *Cien años de soledad.* Buenos Aires: Sudamericana, 1971.

Guzmán, Jorge. *"Cien años de soledad*: en vez de dioses, lenguaje". *Diferencias latinoamericanas.* Santiago: Departamento de Estudios Humanísticos, Universidad de Chile, 1984.

Laplanche, J. y J. B. Pontalis. *Diccionario de psicoanálisis.* Barcelona: Labor, 1971.

Binding the Wounds of the Body Politic: Nation as Family in *La casa de los espíritus*

Norma Helsper
State University of New York
College at Cortland

This essay will deal with a specific instance of what Kenneth Burke called the "stealing back and forth of symbols":

> The divine right of kings was first invoked by secular interests combating the theocrats. It held that God appointed the king, rather than the church authorities, to represent the secular interest of "the people". Later, when the church made peace with established monarchs, identifying its interest with the interests of the secular authorities, the church adopted the doctrine as its own. And subsequently the bourgeoisie repudiated the doctrine, in repudiating both monarch and state. It did so in the name of "rights," as the doctrine had originally been in the name of "rights." Among these "rights" was "freedom." And Marx in turn stole this bourgeois symbol for the proletariat. (229)

One of the concepts that has proven to be a popular one for "stealing back and forth" is that of the family. Perhaps because of the generally conservative nature of that institution, the Right has often been quick to claim the family as its own. In the introduction to their 1984 book *When Biology Became Destiny: Women in Weimer and Nazi Germany*, Brithenthal **et. al.** remind us of this.

> A close look at the history addressed in this volume alerts us to the dangers signaled by well-financed, well-organized movements in command of the latest propaganda techniques that, then and now, mobilize around such code words as "pro-family"..., "patriotism," and "military strength." We want to stress that Nazism did not arrive full blown, with promises of war and gas chambers. It came slowly, step by step, draped in the prospective coloring of love for country, strong medicine to combat unemployment, and most importantly for our purposes, a pledge to restore the traditional family... (Bridenthal xii)

During the years of the Popular Unity government in Chile (1970-1973), the Right also attempted to set itself up as the guardian of the family. For example, during the campaign preceding the elections won by Salvador Allende, rumors were circulated that a socialist government would usurp **patria potestad** or parental authority, taking children from their parents and sending them for indoctrination. (The same rumor had made hundreds of Cuban parents send their young children to the United States after the triumph of that revolution in 1959.) Here I will discuss how Chilean novelist Isabel Allende "steals back" the notion of family in her 1983 novel *La casa de los espíritus*.

The family is a powerful symbol in Western society. Analysts from Engels (in his 1884 work *The Origin of Family, Private Property and the State*) to contemporary feminists have identified the institution of the family as one which perpetuates the limiting of sex roles and women's oppression. The dominant conception of the family since the eighteenth century's industrial revolution is that which Christopher Lasch uses as the title of his history: *Haven in a Heartless World* (1977). This double identity of the family is not lost on Allende, and, in fact, the message of her book revolves around the institution's internal contradictions. In *La casa de los espíritus*, the traditional family as symbol is debunked and, simultaneously, the power of the family-as-image is reclaimed for the novelist's Utopian purpose. The hope which Allende holds out for the future of her country is based on one other than the model of an accepting, loving family.

The image of nation-as-family is most often utilized by ideologues who attempt to deny the existence or importance of class differences and sexual oppression.[1] This is not the case, however, of *La casa de los espíritus*, in which the traditional family is shown to be a respectable façade that hides the truth of rape, adultery, battering and domination. Isabel Allende implicitly criticizes the traditional family by associating it with the patriarch Esteban Trueba, who was "fanático, violento y anticuado, pero representaba mejor que nadie los valores de la familia, la tradición, la propiedad y el orden" (273). But the character Trueba also is made to set in motion what could be seen as a deconstruction of the tradition notion of "family." Because Trueba rapes a **campesina**, Pancha García, the traditional coveted place of the

primogénito, the first born son, is filled by an illegitimate mestizo who never uses his father's last name. Trueba's legitimate children all rejected their "assigned" roles. His son Jaime, a physician, decides to use only his mother's family name when he finds that the name Trueba causes suspicion in his lower-class patients. Typically, the son of a **patrón** has his first sexual experience with a female servant, but in this case it is Trueba's daughter, Blanca, who chooses a **campesino**, Pedro Tercero García, for her lover. The enraged father goes after the young man with the purpose of killing him; Esteban García, Trueba's grandson by the **campesina** he raped, betrays Pedro Tercero's hiding place. But Trueba does not know García is his grandson and further denies him respect by refusing to pay him the promised reward.

By failing to give first to Pancha, and then to Esteban García, the recognition due human beings, let alone blood relatives, Trueba contributes to the creation of an inhuman monster. When grown, the young **campesino** comes to ask his **patrón** for a recommendation to the Chilean police academy. While waiting in the library, he comes close to sexually molesting Trueba's other, recognized grandchild, Alba:

> Se sentó en una de las butacas de cuero negro y poco a poco atrajo a la niña y la sentó en sus rodillas. Alba olía a Bayrum, una fragancia fresca y dulce que se mezclaba con su olor a natural de chiquilla transpirada. El muchacho acercó la nariz a su cuello y aspiró ese perfume desconocido de limpieza y bienestar, y sin saber por qué, se le llenaron los ojos de lágrimas. Sintió que odiaba a esa criatura casi tanto como odiaba al viejo Trueba. Ella encarnaba lo que él nunca tendría, lo que él nunca sería. (253)

The beast of class hatred later threatens to destroy Chilean society in general. In the exemplary case of the Trueba Del Valle family, Coronel Esteban García has a role in torturing Esteban Trueba's son, Jaime, and takes Alba as his special scapegoat, almost killing her. While his granddaughter is "disappeared," Esteban Trueba's contribution to creating her torture and thereby almost destroying what he most loves in the world is brought home to the reader. Senator Trueba is desperate when he goes to ask his old friend Tránsito Soto for help:

> Tránsito...puedo darle lo que me pida, cualquier cosa, con tal que encuentre a mi nieta Alba antes que un demente me siga mandando más dedos corta-

dos...discúlpeme que me ponga así, me tiemblan las manos, estoy muy nervioso, no puedo explicar lo que pasó, un paquete por correo y adentro sólo tres dedos humanos...una broma macabra que me trae recuerdos, pero esos recuerdos nada tienen que ver con Alba, mi nieta ni siquiera había nacido entonces...por favor, Tránsito...soy un pobre viejo destrozado, apiádese y busque a mi nieta Alba antes que me la terminen de mandar en pedacitos por correo...(368)

Trueba of course, is wrong in saying that the memories brought back to him by the three human fingers he receives in the mail have nothing to do with his granddaughter. The fingers that he remembers are those he cut from the hand of Alba's father, Pedro Tercero García, in his rage over discovering that the **campesino** and Trueba's daughter Blanca were lovers. The boy who witnessed the event and who was later denied the reward promised him for leading Trueba to Pedro's hideout was Trueba's illegitimate grandson Esteban García. Now **Coronel** García, he, in effect, sends the message that he will finish the job, started years earlier by the **patrón**, of destroying one reminder of cross-class fraternizing.

Parallel to the legacy of cruelty, degradation, and revenge reviewed in the preceding paragraphs, *La casa de los espíritus* posits another chain of events which constitutes a Utopian image of hope for the salvation of both the Trueba Del Valle family and for Chile. The novel picks up the story of this positive chain with Esteban Trueba's marriage to Clara Del Valle. Trueba starts forging his link of the negative chain with the rape of Pancha García, his part in the positive chain begins with his tender love for his new wife Clara. Although she disagrees with his world view and in many ways fails to conform to a traditional woman's role, he loves her. This ability to love someone very different from oneself is, in the final analysis, the major source of hope for society's redemption.

The next generation's link of love is forged by Blanca Trueba, daughter of Clara and Esteban, and Pedro Tercero García, the son of the peasant foreman of their ranch. Their love is so forbidden and so strong that it is associated with an earthquake:

En un instante (Clara) comprendió la causa del color del aura de Blanca, sus ojeras, su desgano y su silencio, su somnolencia matinal y sus acuarelas vespertinas. En ese mismo momento comenzó el terremoto. (143)

Such a relationship across class lines "shakes the social edifice to its foundations." In the construction of her story Allende makes sure to highlight the interconnectedness of the generations. For example, the place where Trueba's daughter and her friend first make love has special significance: "Pedro Tercero la esperaba en el mismo sitio donde se habían juntado el verano anterior y donde muchos años antes Esteban Trueba se había apoderado de la humilde virginidad de Pancha García." (319)

The next link in the positive chain of events is Blanca and Pedro Tercero's child Alba. Alba is a character who reverses the centrifugal movement that the novel's characters experience up until her appearance on the scene. Family members who no longer have or never had anything in common share a love for Alba. But most important in the novel is the relationship between grandfather and granddaughter. As Alma grows up, she comes to have beliefs very different from those of her grandfather, but their affection for each other survives. It is important to note here that they do not simply "agree to disagree," nor do they diminish the scope of their relationship by excluding certain topics from their conversational repertoire. In one of the novel's sections narrated by Esteban, the ongoing dialogue with his granddaughter is reflected.

> A veces yo iba al pueblo y volvía con un veterinario que revisaba a las vacas y a las gallinas y, de paso, echaba una mirada a los enfermos. No es cierto que yo partiera del principio de que si los conocimientos del veterinario alcanzaban para los animales, también servían para los pobres, como dice mi nieta cuando quiere ponerme furioso. (54)

She is loved by Trueba in spite of being the daughter of his enemy, just as she will love her child, most probably engendered by a rapist. After her release from the concentration camp, Alba writes:

> Me será muy difícil vengar a todos los que tienen que ser vengados, porque mi venganza no sería más que otra parte del mismo rito inexorable. Quiero pensar que mi oficio es la vida y que mi misión no es prolongar el odio, sino sólo llenar estas páginas mientras espero el regreso de Miguel, mientras entierro a mi abuelo que ahora descansa a mi lado en este cuarto, mientras aguardo que lleguen tiempos mejores, gestando a la criatura, que tengo en el vientre, hija de tantas violaciones, o tal vez hija de Miguel, pero sobre todo hija mía. (379-380)

Alba also forms fraternal links with people who are not members of her biological family: in the women's prison she cares for other inmates' children as if they were her own and upon her release she is taken in and protected by a stranger. By the novel's end, following the footsteps of her grandmother, Alba has begun to forge a new model family which will include Chileans of all social classes and political tendencies. This family is the Utopian image which anchors the novel.

Alba embodies hope for the future, as her name implies: **Alba**, the dawning of a new day, bringing with it another chance. In one of her typical inversions, Allende places the victim of rape in the role of a pregnant Virgin Mary. Since traditionally, especially in Spanish literature, sexual relations, whether forced upon her or not, have always been the woman's fault, it can be said that the awaited savior is a person denoted by two of the strongest insults in the Spanish tongue: **hijo de puta, hijo de la chingada**. The novel ends with Alba, and the reader, expecting the arrival of the child, an inverted Christ figure in two ways. Rather than the child of any god, this one is of unclear but doubtlessly human origin, conceived most probably in hate rather than in love. And her mother writes, this child will be a girl. This seems to suggest that hope will be embodied in a future in which "feminine" values will have ascendancy over "masculine" ones.

As the preceding examples have illustrated, Allende finds hope in the ability of people to love across social barriers. Another cause for optimism proposed in the novel is the superior resilience of love in comparison to hate. This latter emotion requires too much energy to maintain. When Trueba is taken hostage by the **campesinos** on Las Tres Marías, Pedro Tercero, now a government bureaucrat, comes to rescue his former **patrón** at Blanca's request:

> Era la primera vez que estaban frente a frente desde el día fatídico en que Trueba le cobró la virginidad de su hija con un hachazo...Se observaron en silencio por largos segundos, pensando los dos que el otro encarnaba lo más odioso en el mundo, pero sin encontrar el fuego del antiguo odio en sus corazones. (318-319)

The other character who has trouble maintaining her hate is Alba.

En la perrera escribí con el pensamiento que algún día tendría al coronel García vencido ante mí y podría vengar a todos los que tienen que ser vengados. Pero ahora dudo de mi odio...parece haberse diluído. (379)

Alba recognizes the possibility that the cycle of violence will continue:

El día en que mi abuelo volteó entre los matorrales del río a su abuela, Pancha García, agregó otro eslabón en una cadena de hechos que debían cumplirse. Después el nieto de la mujer violada repite el gesto con la nieta del violador y dentro de cuarenta años, tal vez, mi nieto tumbe entre las matas del río a la suya y así, por los siglos venideros, en una historia inacabable de dolor, de sangre y de amor. (379)

Knowledge and understanding are proposed as the necessary elements in conquering fear and hate, because only with these tools can one work to see that the chain of terror is interrupted. Alba writes:

Y ahora yo busco mi odio y no puedo encontrarlo. Siento que se apaga en la medida en que me explico la existencia del coronel García y de otros como él, que comprendo a mi abuelo y me entero de las cosas a través de los cuadernos de Clara... (379)

La casa de los espíritus is a novel of fantasy and of history. It recounts a sad chapter in Latin American history and simultaneously projects a Utopian vision into the future. Although its proposition is radical, the novel utilizes two of the most traditional images of Western culture: the family and the messianic child. Perhaps much of its power is derived from the use of these two ideas, which are deeply rooted in our collective psyche.

What Allende does with the family-as-symbol brings to mind another of Burke's ideas:

Occasionally, when one makes a statement, his auditor will reprove him by observing that some Nazi ideologist has made a similar statement. No account is taken of the difference in the statement's function due to the difference of context in which it is used. This kind of "refutation" exemplifies to the fullest the process of "being driven into a corner" whereby one despoils himself of an idea's serviceability simply because his opponent has misused it. (63-4)

Allende isn't about to be "driven into a corner." Rather than abandon the family, so laden with the positive idealized connotations of warmth, affection, safety and solidarity, Allende reconstitutes it. At least in her novel, "family" is inclusive rather than exclusive, since rich and poor, dark and light, left and right are shown to be "relatives." Ultimately, Esteban and Alba are able to bridge the gap of political differences because of their loving familial ties; and Alba, through her recognition that her torturer is also her kin, proposes the family as a model for her divided country: members of this family have oppressed, wounded, and tortured each other, but they are the same ones who must now heal one another. The family she posits is all of Chile.

Notes

1 See, for example, Hernán Vidal's analysis of an early play by Chilean play-wright Egon Wolff, in "Una relectura del teatro democratacristiano inicial: Vodanovic y Wolff, el problema de nuestra ética colectivista," *Ideologies & Literature*, 2nd Series 1 (1985): 31-80.

Works Cited

Allende, Isabel. *La casa de los espíritus*. 17th ed. Barcelona: Plaza & Janés, 1982.

Bridenthal, Renate, Atina Grossmann and Marion Kaplan. *When Biology Became Destiny: Women in Weimar and Nazi Germany*. New York: Monthly Review P, 1984.

Burke, Kenneth. *Attitudes Toward History*. vol. 1, New York: The New Republic, 1937. 2 vols.

Engels, Friedrich. *The Origin of the Family, Private Property and the State*. Trans. Ernest Untermann. Chicago: Charles Kerr, 1902.

Lasch, Christopher. *Haven in a Heartless World: The Family Besieged*. New York: Basic Books, 1977.

DE AMOR Y DE SOMBRA

La voz testimonial de Isabel Allende en *De amor y de sombra*

Elías Miguel Muñoz
The Wichita State University

"Hay que mantener en un obstinado presente, con toda su sangre y su igno-
minia, algo que ya se está queriendo hacer entrar en el cómodo país del
olvido..." (Julio Cortázar, "Negación del olvido", en *Argentina: años de
alambradas culturales*)

Para Isabel Allende las palabras son mágicas, "las lleva y las trae
el viento", pueden nombrar realidades alegres o terribles. Y
pueden, sobre todo, **ser escritas**. Con las palabras se propone la
autora chilena reconstruir el mundo perdido de su infancia, de su
familia.[1] Sobrina del presidente asesinado, Salvador Allende, la
escritora se alza contra la dictadura tanto con su ficción como con
sus declaraciones personales. "Pinochet y los malditos que están
con él", le dice a Marjorie Agosín, "son un accidente en la larga
vida de mi país. Pasarán a la historia como una desgracia que
oscureció el cielo, pero pasarán" (48). De la historia se nutre la
ficción de Allende. No debe sorprendernos que su compatriota
René Jara la sitúe dentro de una tendencia literaria testimonial. (5)

Los hechos narrados en las dos primeras novelas de Allende
confirman la intención historiográfica de la autora. Se trata de
sucesos protagonizados por una colectividad: en *La casa de los
espíritus* la presidencia de Salvador Allende y el golpe militar de
1973, entre otros; en *De amor y de sombra* el descubrimiento de
quince cadáveres de campesinos que fueron enterrados en la mina
de Lonquén en 1973. Los textos de Isabel Allende se asemejan,
por esta base documental, a la novela histórica; tipo de novela que,
como apunta Noé Jitrik, se caracteriza por su "referencia a un
momento 'considerado como histórico y aceptado consensual-
mente como tal' " (21). Hay en la obra de Allende pasajes en los
que el referente se esfuma tras la máscara literaria de lo mágico;

otros en los que predomina, por sobre el hecho histórico, la saga personal y la vida sentimental de los protagonistas. Y sin embargo, la narrativa chilena del **golpe**, observa René Jara, como la argentina del **proceso**, es un documento político "cuya fuerza imaginaria se pone a revisar las bases del discurso nacional" (41). En *De amor y de sombra*, en efecto, se elabora un fuerte ataque contra el discurso oficial que se emite desde el Chile de Pinochet. Un discurso vertical como el que describe Manuel Alcides Jofré, "un monólogo gubernamental que no admite réplica y que se repite infinitamente en el angostado espacio público nacional" (336). Esta voz monológica militar, como veremos en este ensayo, es expuesta y contestada en el texto de Allende por medio de los hechos no-oficiales (la mina) y el espacio social (la ciudad) representados, y especialmente por la toma de conciencia política a la que llega Irene, su protagonista.

Será provechoso, ante todo, aclarar que no encontramos en *De amor y de sombra* un discurso-testimonio si nos guiamos estrictamente por la definición que da de éste Renato Prada Oropeza:

> el discurso-testimonio es un mensaje verbal (preferentemente escrito para su divulgación masiva aunque su origen sea oral) cuya intención explícita es la de brindar una prueba, justificación o comprobación de la certeza o verdad de un hecho social previo, interpretación garantizada por el emisor del discurso al declararse **actor** o testigo (mediato o inmediato) de los acontecimientos que narra. (11)

Una diferencia clave entre el discurso narrativo en *De amor y de sombra* y el discurso-testimonio sería la elaboración artística o reescritura ficcional a la que es sometido el documento. Se ausenta, en la novela, el emisor "mediato o inmediato" y se conjuga, con los hechos históricos, un relato de amor. En el texto estrictamente testimonial, como apunta Prada Oropeza, el **yo** "subyace en todas las afirmaciones intencionales y no hay ninguna pretensión literaria por desembragar el relato de éste su sujeto con mecanismos más o menos complejos: 'habla'..." (12). La crítica ha demostrado que los mecanismos en el tejido de Allende son complejos.[3] Se escucha, empero, en *De amor y de sombra*, una voz narrativa que concuerda con la de la autora en su visión del mundo y en su compromiso con la causa chilena y latinoamericana:

Ahora me cuesta no estar comprometida. Y no hablo del compromiso con
un partido político, que no tengo ninguno, sino de un compromiso contra los
abusos, contra la opresión, contra cualquier militarismo...Mi compromiso es
con la solidaridad.[4]

Este emisor comprometido, Isabel Allende, encuentra en el discurso novelístico un instrumento certero y tenaz para combatir la
autoridad, porque "la autoridad no siempre tiene éxito en su
propósito de poner grilletes a las palabras".[5] Irene, protagonista
de la novela y periodista como la autora, se propone "impedir que
los crímenes fueran borrados por el silencio de la censura y la com-
plicidad de los jueces" (230). *De amor y de sombra* se erige precisamente como "prueba" o "comprobación" de la certeza de esos
crímenes.

El texto testimonial, nos descubre Eliana Rivero, comparte
mucho con el texto literario. Puede encontrarse en ambos "un
lenguaje específicamente poético" (42). En el testimonio, observa
Rivero, "los objetos de su plasmación como texto... siguen muy de
cerca el procedimiento lingüístico de que se vale el texto literario"
(45). La cuestión teórica que enfrentamos es compleja y aquí no
podremos abordarla plenamente. Por un lado, nos preguntaríamos, como lo hace Rivero, si el lenguaje testimonial puede
constituirse o no en objeto estético. Rivero ofrece pruebas de que
sí. Por otro, nos preguntaríamos si puede un texto ficticio reunir
elementos característicos del género testimonial. En las siguientes
páginas responderemos a esta pregunta. Nuestra lectura subrayará
en la novela no el relato de Irene y Francisco, sino su plasmación a
partir de una realidad histórica documentada, el suceso de la mina
principalmente. La plasmación de este documento será la función
principal del texto, su verdadero "sujeto". Y es aquí donde la
novela de Allende cruzaría la frontera literaria hacia lo testimonial.
Sin que esto represente un juicio de valor sobre su logro estético.
Sin que esto implique, tampoco, ver en la narradora de Isabel
Allende sólo la palabra directa y personal de la autora. "(L)o que
por último configura al testimonio", afirma Rivero,

es que virtualmente se borra la distancia entre el autor de carne y hueso, su
figura empírica perfilada en el texto, y la voz enunciadora del narrador textual. Estas tres categorías aparecen mayormente separadas en la obra de
ficción. (46)

Y así las vemos en *De amor y de sombra*, separadas. Sólo que la novela de Allende acorta la distancia. La voz de la autora encabeza la novela, a modo de epígrafe, ofreciendo una clave para su lectura: la historia le fue entregada por un hombre y una mujer "que se amaron en plenitud" (6). La cuenta, dice Allende, "por ellos y por otros que me confiaron sus vidas diciendo: toma, escribe, para que no lo borre el viento" (6). Este comentario autorial propone a priori un tipo de lectura y declara la función del texto: Dejar constancia de la vivencia para que "el tiempo no la desgaste" (6). El texto aludirá numerosas veces a esta función. La autora se presenta en calidad de testigo (indirecto), afirmando así la base real de lo narrado; queriendo garantizar con su escritura que esta base real del relato (la mina) no sea silenciada por el discurso oficial y la "mala memoria". "Abran la maldita mina", dice el General en *De amor y de sombra*, "saquen el montón de muertos y aseguren a la opinión pública que castigaremos a los culpables, después veremos, la gente tiene mala memoria..." (222). Como Clara en *La casa de los espíritus*, que escribía los sucesos de la familia para que no se olvidaran, o Alba, que arma un rompecabezas para dar un sentido a cada pieza, como Irene en *De amor y de sombra*, "resuelta a impedir que los crímenes fueran borrados por el silencio" (230), como estos personajes Isabel Allende intenta rescatar lo vivido por ella y por una colectividad. Dejar testimonio:

> En la vida real hubo cinco miembros de una familia Maureira que fueron asesinados en Lonquén. Leyendo eso en la prensa de Venezuela, tuve una terrible impresión. No dejaba de pensar en las mujeres de esta familia... A veces iba distraída manejando el automóvil y me asaltaba su recuerdo... Comprendí que debía exorcizar este dolor y dejar testimonio, por eso escribí el libro, a pesar de que la historia me parecía poco atractiva, muy sórdida, muy patética (Moody 45).

En *De amor y de sombra* Allende interpreta y juzga esa historia sórdida y patética, volviéndola a través de su voz testimonial y su ficción memoria, **conocimiento**.

Del periodismo, dice Allende, aprendió a "buscar la verdad y tratar de ser objetiva... a sintetizar las ideas y precisar los hechos" (Agosín 48). La verdad que se busca en *De amor y de sombra* es una verdad fundada en hechos contundentes, hechos cuya denuncia puede acarrear un gran riesgo. Pero claro, la autora está consciente de lo que significa escribir hoy en América Latina: estar dispuesto a arriesgar la vida y la pluma por aquello en lo cual se cree.[6] A pesar de evitar el texto toda mención de personas, sucesos o lugares con nombres verídicos, no es difícil ver en el General de *De amor y de sombra* a Pinochet, en el país representado a Chile, como tampoco es difícil ver a Salvador Allende en el Presidente y a Neruda en el Poeta de *La casa de los espíritus*. El suceso de los quince cadáveres de campesinos es también fácilmente identificable como un pasaje de la historia reciente de Chile.

Gabriela Mora cuestiona con dureza la caracterización de la mujer en *De amor y de sombra* y afirma que "el retrato se resiente de falsedades y contradicciones" (58). Aunque no sea éste el lugar para problematizar las aseveraciones de Mora, cabe apuntar la función del sentimentalismo (la historia de amor) y los posibles estereotipos (si aceptamos que lo son) de la mujer y del hombre que sustentan a los protagonistas en ciertos pasajes de su historia.[7] La envoltura sentimental de la novela, la pasión que se desata entre Francisco e Irene hace más asequible el monstruoso contenido histórico. Abre, además en el texto un espacio de optimismo: la fe en el amor como fuerza contestataria. Acorralados, perseguidos, Irene y Francisco deciden exilarse; sienten entonces que "su amor había adquirido una nueva y formidable dimensión y sería su única fuente de fortaleza en el exilio" (281). Ni Irene ni Francisco abandonan su lucha (aunque hagan el amor después de descubrir los cadáveres). Y no hay indicios en el texto de que Irene vaya a dejarse "proteger" del dolor y la violencia por Francisco. Ambos corren los mismos riesgos y ambos se juegan la vida.

Se trata en la novela de un proceso de formación ideológica, el de Irene, que comienza en la total ignorancia y culmina tras una serie de descubrimientos: el asesinato de Evangelina, los cadáveres de la mina, los desaparecidos. Y su trayectoria de búsqueda de la verdad casi le cuesta a Irene la vida cuando la ametrallan. Es el de este personaje un proceso similar al que sufre la protagonista del filme *La historia oficial*,[8] profesora de historia que ignora la horrenda verdad escrita **fuera** de los libros. Irene, como esta profesora, abandona su felicidad burguesa ("Ignorance is Bliss") para escribir, mostrar, enseñar la historia secreta: "una verdad escondida por muy largo tiempo" (207); en palabras personales de la autora, "la historia oculta y verdadera de la realidad".[9] El proceso de Irene, apuntemos de paso, podría ser el mismo del lector no informado; en éste también se daría una trayectoria de descubrimiento, partiendo de la total ignorancia del suceso a una toma de conciencia de la situación chilena.

La historia verdadera, que narraría todos los engaños, las mentiras, los crímenes ejecutados por los poderosos militares chilenos, queda encubierta y disimulada por el mecanismo de la censura y los medios masivos de comunicación:

> la televisión porfiaba con sus programas habituales de música ligera, concursos, sorteos y películas de amor y risa. Los periódicos entregaban los resultados de los juegos de pelota y el noticiero mostraba al Jefe Supremo de la nación cortando la cinta de una nueva sede bancaria. Pero en pocos días el anuncio del hallazgo en la mina y las fotografías de los cadáveres circulaban por el mundo a través de los teletipos. Las agencias de prensa se apoderaron de ellas y las enviaron de vuelta a su país de origen, donde fue imposible sofocar por más tiempo el escándalo, a pesar de la censura y de las explicaciones fantásticas de las autoridades. Todos vieron en sus pantallas al engolado locutor leyendo la versión oficial: eran terroristas ejecutados por sus propios secuaces; pero nadie dudó que se trataba de prisioneros políticos asesinados. (225)

La versión oficial concuerda con el espacio de prosperidad que inventa y provee la dictadura: "Por sobre la realidad de las cosas", observa Manuel Alcides Jofré, "se ha intentado imponer una apariencia. La apariencia se ha hecho más importante que la realidad" (337). Tan bien construida está la fachada que hasta Miguel Littín sufre desconcierto ante ella: "Santiago, al contrario de lo que nos contaban en el exilio, se mostraba como una ciudad radiante, con sus venerables monumentos iluminados y mucho orden y limpieza por las calles" (28). Después de la sorpresa inicial descubre Littín que

> Nadie hablaba, nadie miraba en ninguna dirección definida, nadie gesticulaba ni sonreía, nadie hacía el menor gesto que delatara su estado de ánimo dentro de los abrigos oscuros, como si todos estuvieran solos en una ciudad desconocida. Eran rostros en blanco que no revelaban nada. (29)

Esta "ciudad desconocida" aparece en *De amor y de sombra* a través de la mirada de Irene, quien observa, fascinada, la abundancia del mercado, "una explosión de bullicio y color... un desenfreno de aromas y sabores . Fascinada, pensó que nada terrible cabía en un mundo donde florecía una abundancia como aquélla..." (237).

La fascinación dura hasta que Irene recuerda a Evangelina Flores, cuyos hermanos pasaron a ser parte de la lista de "desaparecidos". La despreciable Beatriz, madre de Irene, presenta en la novela la versión de aquellos que han logrado sacar provecho de la dictadura; aquellos que la justifican a todo costo y que pueblan, ignorantes, impasibles, un espacio de prosperidad dibujado con sangre:

> —..¿Cuál es el afán de identificar esos cuerpos de la mina y buscar culpables? Eso ocurrió hace años, son muertos añejos. Por fin gozaban de bienestar, podían comprar a su regalado antojo... ahora resultaba fácil conseguir servicio doméstico... (227)

"Ante la posibilidad de eliminar la miseria", agrega la voz narradora que enjuicia el espectáculo, "se prohibió mencionarla. Las noticias de la prensa eran tranquilizadoras, vivían en un reino encantado" (174). Este reino encantado es un país "de tarjetas de créditos, de caracoles o centros comerciales", observa Bernardo Subercaseaux, donde "hasta la compasión y la solidaridad se comercializan" (392). "Lo mejor", afirma el personaje de Beatriz, "es olvidar el pasado y construir el futuro... no hablar más de desaparecidos" (226). La construcción de este horrendo futuro, afortunadamente se encuentra subvertida por los ciudadanos de un "Chile invisible", el Chile subterráneo, afirma Subercaseaux, "de una memoria histórica y de una cultura política que se niegan a ser borradas..." (392). Irene y Francisco habitan, en *De amor y de sombra*, ese país subterráneo:

> Mediante una ley de segregación no escrita, pero conocida por todos, funcionaban dos países en el mismo territorio nacional, uno de la élite dorada y poderosa y otro de la masa marginada y silenciosa. Es el costo social, determinaban los jóvenes economistas de la nueva escuela y así lo repetían los medios de comunicación (175).

El país visible se define como imperio y el General como emperador. La represión, la censura, la violencia, los crímenes, todo aquello que caracteriza a la "élite dorada" y militar es resumido en una frase: "lo de siempre":

> —...échele tierra a ese asunto, Coronel, antes que se acabe la paciencia.
> —...¿Y qué hacemos con la opinión pública, los diplomáticos y la prensa, mi General? —...Lo de siempre, Coronel. En la guerra no se cambia de estrategia. Hay que aprender de los emperadores romanos... (224)

La denuncia de este imperio militar se escucha a lo largo de toda la novela, pero con mayor fuerza en dos pasajes. El primero, al recibir el Señor Presidente de la Corte Suprema una carta del Cardenal, su reacción es la siguiente:

> ... después de tantos años de sortear la justicia de acuerdo a las instrucciones del General, de tantos años perdiendo expedientes y enredando a los abogados de la Vicaría en una maraña burocrática, de tantos años fabricando leyes con efecto retroactivo para delitos recién inventados... (221)

El segundo pasaje es el momento en que, gracias al Cardenal, a Irene y a la prensa internacional, quedan expuestos los criminales: "Desafiada por tanto alboroto, la justicia militar declaró culpables de homicidio al Teniente Juan de Dios Ramírez y a los hombres de su tropa" (266). Unas líneas más abajo, y con el tono de aquél que reporta un hecho, simple y llanamente dice la voz narradora:

> La satisfacción provocada por la sentencia duró sólo unas horas, hasta que los culpables fueron puestos en libertad, amparados por un decreto de amnistía improvisado en el último instante... El teniente Ramírez fue ascendido a capitán. Circulaba satisfecho por todas partes con la conciencia quieta... (266).

En ambos casos se les hace frente a la injusticia con el simple y eficaz acto de nombrarla, **reportarla**.

La retórica del discurso oficial, muy similar a la que estudia George Hinshaw en Estados Unidos, se vale de **términos demoníacos (devil terms)** para marcar, aislar y destruir la alteridad. (11) La "patria", como "Dios", se convierte retóricamente en la fuente de todo bien y de todo lo deseado. Y aquél que atente contra el Paraíso es tildado de enemigo, comunista. En el caso de Chile, nos advierte la voz narradora de Allende, a "los descontentos se les calificaba de antipatriotas, pues la felicidad era obligatoria" (175). La retórica oficial se sustenta, por ejemplo, en una mitología norteamericana de pacotilla que facilita el endoctrinamiento de los jóvenes:

> Sonrió ante el alimento intelectual de Pradelio Ranquileo: el Llanero Solitario, Hopalong Cassidy y otros héroes del oeste norteamericano, defensores míticos de la justicia, protectores del desvalido contra los malvados. (196)

Los **malvados**, como los antipatriotas, los terroristas, son los diablos inventados por la maquinaria discursiva militar. Campesinos, maestros, estudiantes. **Diablos.** Contra ellos se desboca la dictadura en nombre de la paz. Y como ellos, los muertos, una serie de palabras son desarmadas y **desaparecidas**: "Justicia era sólo un término olvidado del lenguaje ya que casi no se empleaba, porque tenía visos subversivos, como la palabra libertad" (208).

Y sin embargo **justicia** y **libertad** son las dos palabras que con mayor pasión escribe y busca Isabel Allende en *De amor y de sombra*. Con esta novela la autora contribuye a un cuerpo de documentos que narran la reciente historia de su patria. Sus palabras se unen a las de otros escritores chilenos; palabras-historia, palabras-noticia, palabras-ficción que representan realidades terribles, de sombra aunque también de luz: un amor que sobrevive la desgracia de la dictadura.

Notas

1 Isabel Allende, "La magia de las palabras," *Revista Iberoamericana* 51, 132-33 (1985): 448.

2 *Lonquén* (Editorial Aconcagua, 1980), de Máximo Pacheco, documenta el caso.

3 En *La casa de los espíritus*, por ejemplo, descubre Juan Manuel Marcos una "profunda revisión crítica" de los motivos más destacados en *Cien años de soledad*, como la condición de la mujer. Esta revisión forma parte, para Marcos, de la "estrategia reprobatoria" de la novela de Allende. "Isabel viendo llover en Barataria," *Revista de estudios Hispánicos* 19.2 (May 1985): 129-37. Ver, además, el estudio de estructura en el artículo de Beatriz Hernán-Gómez, "Las violencias circulares: notas a *La casa de los espíritus*," en *Studi di letteratura ibero-americana offerti a Giuseppe Bellini* (Roma: Bulzoni, 1984) 333-48. Consúltese el estudio de Mario A. Rojas, en el cual se define la primera novela de la autora como texto **feminocéntrico**, "*La casa de los espíritus*, de Isabel Allende: un caleidoscopio de espejos desordenados," *Revista Iberoamericana* 51, 132-33 (1985): 917-25. Esta idea de la novela feminocéntrica es también discutida por Marjorie Agosín en su reseña de *La casa de los espíritus*, *Revista Interamericana de Bibliografía/Interamerican Review of Bibliography* 35 (1985): 448-58.

4 Citado por Patricia Hart en *Narrative Magic in the Fiction of Isabel Allende*, Rutherford, NJ: Fairleigh-Dickinson U P, 1989. Hart cita la entrevista aparecida en *Diario de Granada*, la cual fue obtenida a través de Plaza y Janés Editores.

5 Allende, "La magia de las palabras" 449.

6 Isabel Allende, "Writing in Latin America," Discurso presentado en la Feria Latinoamericana del libro. Washington, abril 26, 1986, 6.

7 Mora se refiere en particular al siguiente pasaje: "Irene, tengo que ser fuerte, enorme, invencible, para que nada pueda dañarte, para mantenerte protegida del dolor y la violencia". En Isabel Allende, *De amor y de sombra* (México: Edivisión, 1986) 274.

8 *La historia oficial*, dir. Luis Puenzo, con Norma Aleandro y Héctor Alterio, Argentina, 1985.

9 "La magia de las palabras" 449.

Obras citadas

Agosín, Marjorie. "Entrevista a Isabel Allende/Interview with Isabel Allende". *Imagine: International Chicano Poetry Journal* 1.2 (1984): 42-56.

Alcides Jofré, Manuel "La novela en Chile: 1973-1983". En *Fascismo y experiencia literaria: reflexiones para una recanonización*. Ed. Hernán Vidal. Minnesota: Society for the Study of Contemporary Hispanic and Lusophone Revolutionary Literatures, 1985.

Allende, Isabel. *De amor y de sombra*. México: Edivisión, 1986.

Hinshaw, George. "The Devil Next Door: El Salvador in American Rhetoric, January-May 1981". En Proceedings of the Pacific Coast Council on Latin American Studies, Cross Currents in Latin American Development. Ed. Thomas Wright, 14:2 (1987): 9-17.

Jara, René. "Testimonio y literatura," prólogo a *Testimonio y literatura*. Ed. René Jara y Hernán Vidal. Minnesota: Society for the Study of Contemporary Hispanic and Lusophone Revolutionary Literatures, 1986.

Jitrik, Noé. "De la historia a la escritura: predominios, disimetrías, acuerdos en la novela histórica latinoamericana". En *The Historical Novel in Latin America*. Ed. Daniel Balderston. Gaithersburg: Ediciones Hispamérica, 1986.

La aventura de Miguel Littín, clandestino en Chile. Reportaje de Gabriel García Márquez. Colombia: Editorial La Oveja Negra Ltda., 1986.

Moody, Michael. "Entrevista con Isabel Allende". *Discurso Literario* 4, No. 1: 45.

Mora, Gabriela. "Las novelas de Isabel Allende y el papel de la mujer como ciudadana". *Ideologies and Literatures* 2.1 (1987): 53-61.

Prada Oropeza, Renato. "De lo testimonial al testimonio. Notas para un deslinde del discurso-testimonio". En *Testimonio y literatura*. Ed. René Jara y Hernán Vidal. Minnesota: Society for the Study of Contemporary Hispanic and Lusophone Revolutionary Literatures, 1986.

Rivero, Eliana. "Acerca del género testimonio: textos, narradores y artefactos". *Hispamérica* 16, 46-47 (1987): 41-56.

La frontera que se esfuma: Testimonio y ficción en *De amor y de sombra*

Wesley J.Weaver III
State University of New York
College at Cortland

Aunque las comparaciones son odiosas, especialmente entre dos novelistas establecidos y mundialmente reconocidos, al tratar la obra de la escritora chilena Isabel Allende, a menudo se sugiere el influjo del colombiano Gabriel García Márquez, a veces con insinuaciones de plagio; por ejemplo, la exótica mujer de pelo verde de su primera novela, *La casa de los espíritus*, Rosa la Bella, es altamente evocadora de Remedios la Bella de *Cien años de soledad*. Sin embargo, la presencia de este tipo de personaje extravagante, junto con otras muestras de la constante mezcla de las borrosas categorías "realidad" y "fantasía" (fantasmas, situaciones milagrosas, etc.) que ocurren en las páginas de los dos escritores no es invento de García Márquez; al contrario, representa una de las partes integrales de la literatura latinoamericana, desde las cartas de Colón.[1] El crítico paraguayo, Juan Manuel Marcos, al ocuparse directamente de esta polémica relación entre Allende y García Márquez ha afirmado que

> confundir a Isabel Allende con García Márquez consistiría en incurrir en el mismo error que considerar a Cervantes un continuador de las novelas de caballería. Don Quijote no es una imitación del Amadís, sino su sepulturero paródico. La experiencia histórica y la perspectiva generacional de la novelista chilena difieren visiblemente de las del colombiano. Isabel Allende, catorce años más joven que García Márquez, también ha escrito su novela en el exilio, pero bajo unas condiciones mucho más desgarradoras.(131)

De modo que debemos limitarnos a señalar ciertas felices reminiscencias de García Márquez en la obra de Isabel Allende, y tomar en cuenta esta "experiencia histórica" que distingue a la chilena del creador de Macondo. A mi parecer, sus peculiares circunstancias se manifiestan especialmente en su segunda novela, *De amor y de sombra*, la cual se basa en los hechos reales de la historia chilena y en los de la intrahistoria de la escritora.

Un entrevistador, tomando en cuenta el autobiografismo y la historicidad en *De amor y de sombra*, preguntó a Isabel Allende si "tenía una idea clara de lo que es documento y lo que es ficción," a lo que ella contestó "Como escritora, me resulta muy difícil saber cuánto hay de realidad y cuánto de ficción. La frontera que divide ambas cosas es una línea impalpable que al menor soplo se esfuma" (Moody, 42). En este estudio espero demostrar un par de "soplos textuales" que utiliza Allende para atentar contra tan tenue frontera.

De amor y de sombra, según declara la escritora en la misma entrevista, se trata de un acontecimiento político atroz ejecutado por la dictadura:

> Mi segundo libro se basa en un hecho acontecido en Chile, en la localidad de Lonquén, a 50 kilómetros de Santiago. En unos hornos abandonados de cal se encontraron 15 cadáveres de campesinos, asesinados durante el Golpe Militar. Este descubrimiento se hizo a través de la Iglesia Católica, en el año 1978, cuando yo estaba ya en Venezuela. (Moody, 43)

El texto es un testimonio fiel de lo ocurrido en Lonquén, limitándose la autora a cambiar los nombres y los topónimos. Hasta las declaraciones prestadas por los culpables se encuentran reproducidas en la novela, contribuyendo a la verosimilitud del relato.[2] Sin embargo, esta obra de ninguna manera se parece a aquellos horrendos reportajes del DEA que revelaban las violaciones de los derechos humanos en los países de represión de la América Latina. Por el contrario es una historia sobre el amor y la muerte, tal como el título promete. También es el esfuerzo singular de una novelista que puede transformar un espeluznante y trágico acontecimiento en la base para una obra de arte.

De esta manera Allende continúa los esfuerzos de otros novelistas del género testimonial, tales como Miguel Barnet y Elena Poniatowska. Margarita Fernández Olmos, en un artículo que trata sobre estos dos escritores, hace un resumen de sus quehaceres en este género:

> Poniatowska y Barnet emplean métodos utilizados por sociólogos y antropólogos; sin embargo, luego de hacer numerosas entrevistas, un fenómeno

diferente, creativo ocurre lo cual diferencia al autor-investigador de sus colegas en las disciplinas científicas. Comparten el hecho de buscar los datos en la realidad, pero luego con eso elaboran unas vidas a través de una selección lingüística que deviene auténtica elaboración artística. Así pues, el autor de la novela-testimonio utiliza recursos de la literatura de ficción con una mayor independencia creativa que sus colegas en las otras modalidades testimoniales (manipulación temporal, reelaboración lingüística, desdoblamiento narrativo, etc.) pero sin eliminar la característica fundamental del género: la revelación por parte de un testigo con un propósito documental. (71)

A punto de comenzar *De amor y de sombra*, Isabel Allende reveló que frente a la espontaneidad creativa de *La casa de los espíritus*, en esta ocasión había planeado más la gestación de la novela.[3] Esto, a mi parecer, se puede apreciar en términos de la exhuberancia de técnicas narrativas que pueblan las páginas de *De amor y de sombra*, en concreto en lo que respecta a las voces narrativas.

Como género, "la novela," según Oscar Tacca, "más que un modo de ver, es un modo de contar" (29). El autor puede ceder la palabra al personaje, retirándose al fondo del relato, puede dominar el discurso completamente a través del uso de un narrador omnisciente, o puede hacer una combinación de las dos cosas, añadiendo otros recursos narrativos según el efecto que quiera causar en la lectura. Isabel Allende ha hecho uso de estos recursos a lo largo de *De amor y de sombra*, formando un mosaico de voces narrativas en las cuales se nos revelan los pensamientos de sus personajes: a veces usa el estilo indirecto libre, a veces el monólogo interior y a veces (para mayor confusión), el estilo directo incorporado, sin comillas, en lo que se supondría el discurso del narrador. El resultado es un combate entre las voces, —la del narrador o la del personaje— que conduce a un mismo resultado: el testimonio pierde su índole aséptica, se distancia del periodismo, y adquiere la fluidez de la narración literaria.

A través del uso del estilo indirecto libre[4] Isabel Allende permite que se sondee el alma de los personajes, ya que, según Guillermo Verdín Díaz, este estilo

tiene una fuerza especial para descubrirnos los más diversos estados anímicos al borde muchas veces de lo subconsciente. Esta fuerza expresiva nos presenta un mundo donde se mueven las emociones más variadas: sensaciones de duda, penas, pesadillas, remordimientos, incertidumbres, temores, desahogo, asco, inquietud, desvelo. (125)

De modo que la intercalación del estilo indirecto libre en un texto literario de índole testimonial puede "especializar" el discurso para incluir los estados anímicos de los personajes de tal modo que se aleja de lo testimonial al acercarse a la ficción mientras que a la vez va cobrando verosimilitud precisamente por esta revelación de lo que transcurre en el alma de los personajes de la novela. Alejamiento y acercamiento a la verdad: tal es la función del estilo indirecto libre en esta novela. Admite la ficcionalización del discurso sin atentar contra lo verdadero del testimonio, al que, más bien, refuerza. Por el monólogo interior[5] nos revela los pensamientos de los personajes sin el **verbum dicendi** que rompería la fluidez narrativa. Junto a él, el discurso directo es, claro está, uno de los métodos más socorridos para caracterizar a un personaje. Uno de las características de la novela contemporánea es el uso del estilo directo sin comillas,[6] el cual se observa en autores latinoamericanos tales como Mario Vargas Llosa, Gabriel García Márquez y ahora Isabel Allende. En *De amor y de sombra* lo que a primera vista parece ser una toma de voz del narrador varias veces se convierte en un pretexto para inyectar un discurso directo de parte del personaje.

Todas estas voces narrativas encontradas en *De amor y de sombra* ya habían sido utilizadas antes en las novelas de Cortázar, Onetti o Fuentes. Lo sorprendente aquí no es la inclusión de estas voces sino su constante yuxtaposición, y en algunos casos, su fusión. Como hemos dicho, lo que comienza siendo un discurso específico a menudo se trueca, se metamorfosea en otro. En las primeras páginas del libro por ejemplo se nos describe el asilo de ancianos "La voluntad de Dios", cuyos dos residentes más notables son la actriz Josefina Bianchi y el viejo coronel. Al describir al coronel y sus quijotadas el narrador utiliza el estilo directo, prestando la palabra al coronel, para luego retomarla:

¿De quién habla esta insensata?, se preguntó el coronel deduciendo que sin duda se refería a la viuda más rica del reino. Sólo ella usaba pañales en el campamento a causa de una herida de cañón que hizo polvo su sistema digestivo y la tumbó para siempre en una silla de ruedas, pero ni aún por eso era respetable. (12)

Está confusión lúdica continúa a lo largo de todo el texto: lo que empieza siendo una voz termina transformándose en otra, siendo los cambios a veces casi imperceptibles. De este modo penetramos en la esencia de los personajes que no se revela a veces en su propia conducta. Esto se aprecia fácilmente en el siguiente ejemplo:

> Llevaba dos horas hablando con esa mujer y si no fuera porque estaba atrasado para su turno, le diría unas cuantas cosas más. Sabía escuchar con atención y se interesaba por sus anécdotas, no como esas señoritas fruncidas que voltean la nariz cuando un macho se mete unos tragos entre pecho y espalda, no señor, una real hembra es lo que parece, bien plantada y con ideas en la cabeza, aunque un poco escasa, no le veo grandes tetas y buenas ancas, no tiene de donde agarrarse a la hora de la verdad. (135)

Este fragmento proviene de la entrevista de la protagonista principal Irene Beltrán con el Sargento Faustino Rivera, y representa para el lector un viaje que penetra hasta el alma del soldado. A partir de "Llevaba dos horas..." la voz pertenece al narrador; sin embargo, el discurso, mientras progresa, se le escapa. Ya con "sabía escuchar con atención" tenemos el estilo indirecto libre; el narrador no se molestaría en contarnos cuán buena oyente es Irene porque ya lo sabemos por sus encuentros con los viejos de "La voluntad de Dios" y con los campesinos de Los Riscos. El que se acaba de enterar es el Sargento, y el narrador nos lo confirma focalizándolo desde su punto de vista. A partir de "no como esas señoritas..." sin duda alguna es Rivera el que se apodera de la palabra en el estilo directo, y esto se confirma por la primera persona del verbo "ver" que precede las observaciones anatómicas del Sargento. Es la intención del narrador penetrar, ir más allá de los meros hechos que se encontrarían en un periódico o en una grabación.

Pero conviene señalar que Isabel Allende manipula a veces el estilo indirecto libre para descubrir sus simpatía o antipatía por los personajes. Esto es lo que observamos en el siguiente fragmento:

> Señaló también a Francisco dos ancianos de pergamino y marfil meciéndose en un sillón de hierro forjado, que apenas conocían sus propios nombres, pero habían tenido el acierto de enamorarse, a pesar de la oposición tenaz de Beatriz Alcántara, quien consideraba aquello un relajo intolerable de las cos

tumbres, ¿dónde se ha visto que un par de viejos chochos anden besándose a
escondidas? Irene, en cambio, defendía el derecho a esa última felicidad y
deseaba a todos los huéspedes la misma suerte, porque el amor los salvaría
de la soledad, la peor condena de la vejez, así es que déjalos en paz, mamá,
no mires la puerta que ella deja abierta por la noche, ni pongas esa cara
cuando los encuentras juntos por la mañana, hacen el amor, cómo no. (138)

En este largo pasaje, la narración oscila entre el estilo indirecto
libre y el estilo directo. La pregunta retórica "¿Dónde se ha
visto...?" es del narrador en la función de portavoz de la escanda-
lizada Beatriz Alcántara. Luego, tiene la misma función para Irene
quien se suscribe a "esa última felicidad"; así se trasluce la solidaridad del narrador con la protagonista principal. Como el estilo
indirecto libre por sistema nos reproduce la intimidad del personaje (Verdín Díaz, 150), es fácil ver cómo el narrador en el caso de
Irene "maneja" el discurso para poner de relieve su simpatía por el
personaje, mientras que en el caso de Beatriz Alcántara crea un
efecto irónico que demuestra el desprecio que experimenta hacia
este personaje. El pasaje comienza con una casi idílica referencia
del narrador a dos venerables viejos "de pergamino y marfil" para
luego recaer en la voz de hiel de Beatriz recogida por el narrador,
aludiendo a ellos como "un par de viejos chochos." Otro ejemplo
de manipulación que hace la escritora es el caso del general, símbolo de la represión del régimen, y por eso, blanco del sarcasmo del
narrador:

Quince cadáveres en una mina no justificaba tanta bulla y cuando surgieron
otras denuncias y aparecieron nuevas tumbas, fosas comunes en los cemente-
rios, entierros en los caminos, bolas en la costa arrastradas por las olas,
cenizas, esqueletos, trozos humanos y hasta cuerpos de niños con una bala
entre los ojos acusados de mamar en el pecho materno doctrinas exóticas,
lesivas a la soberanía nacional y a los más altos valores de la familia, la
propiedad y la tradición, se encogió de hombros tranquilamente, porque lo
primero es la patria y a mí que me juzgue la Historia. (254)

Para destacar lo cruel y ridículo que es el general, el narrador in-
curre en su retórica, utilizando términos y construcciones dignos de
tal monstruo: "no justificaba tanta bulla," "doctrinas exóticas,"
"lesivas a la soberanía nacional," "los más altos valores de la familia, la propiedad y la tradición." Después de este ataque mediante
el estilo indirecto libre, el narrador cede la palabra al general para
cerrar este retrato de la infamia con una afirmación que oculta una

inversión irónica de una famosa declaración de Fidel Castro: "lo primero es la patria y a mí que me juzgue la Historia."

Isabel Allende, pues, reúne en *De amor y de sombra* los dos polos de la expresión escrita. Por una parte, se aprecia lo veraz del testimonio, que es resultado del fondo periodístico de la escritora y su fascinación por el mundo real, según ella misma ha reconocido en otra entrevista con Michael Moody:

> Le agradezco al periodismo enormemente toda la base que me dio para poder escribir hoy novelas. Creo que una de las cosas más importantes que me dio aparte de apoderarme del lenguaje y utilizarlo a mi antojo fue el interés, la curiosidad, aprender a escuchar e interesarme por la gente. Son siempre las historias de los demás las que sirven en las novelas...uno no puede sacar de si mismo todo, no se puede inventar todo, ni imaginar todo. Siempre la realidad es más rica que cualquier cosa que uno puede soñar (150)

Por otra parte el manejo de las voces narrativas amplifica el relato testimonial para incluir las emociones, las ideas o simplemente los pensamientos de los personajes que lo componen. Mientras literaturiza el hecho, la actitud de la autora sobre sus criaturas le da cierto grado de verosimilitud. De este modo conocemos mejor al Teniente Juan de Dios Ramírez y al Sargento Faustino Rivera de lo que les conoceríamos a base del reportaje periodístico. La inclusión de almas también permite la presencia de personajes que, aunque no estén relacionados directamente con lo acontecido en la realidad o sean meras ficciones, son lo suficientemente importantes como para enriquecer el relato. Me refiero a Digna Ranquileo, Evangelina Flores, el peluquero Mario, y por supuesto, Beatriz Alcántara. Quizá no exista una Beatriz Alcántará en la realidad, como individuo, pero si existe como legión, formando un cuerpo de miembros del sector público que apoyan con su ignorancia los abusos de la dictadura chilena.[7]

La lectura *De amor y de sombra* nos proporciona mediante la ficcionalización del testimonio una imagen dramática de los seres humanos que, buenos y malos, palpitan detrás de la historia oficial.

Notas

1 Según Peter Earle. "The Latin American celebration of reality in all literary form encompasses a wide range of motifs. In addition to many overt and covert forms of aggression, one finds oases of lyricism, intense paternal, maternal, filial, marital, and extramarital relationships, bizarre ironies...festivals of the senses, authoritarian and religious constructions, supernatural events (inherited as well as invented), and ghostly apparitions" (544).

2 "En *De amor y de sombra* hay algunas partes tomadas casi textualmente de las declaraciones de los militares y testigos, por ejemplo, la confesión del Teniente Ramírez. En la vida real no se llamaba así, pero sus palabras están en mi libro" (Moody, 44).

3 "When I wrote *The House of the Spirits* I knew a little less about literature than I know now, that is, nothing at all. I wasn't thinking about good literature but about telling a story. In my second novel I did do more planning. I do more planning now, but at the same time when it comes to sit down and write, I just let myself go" (Levine, 20).

4 "La incorporación del diálogo a la narración con la misma sintaxis que el (estilo) indirecto puro, pero independiente de verbos introductores y nexos que indiquen subordinación o dependencia" (Verdín Díaz, 80).

5 "A direct, immediate presentation of the unspoken thoughts of a character without any intervening narrator" (Scholes, 177).

6 Seymour Chatman afirma que "it is easy —and long been commonplace in Western fiction— to drop the quotation marks. And more recently the tag has also been eliminated" (192).

7 "En el medio social donde yo me movía, la mayor parte de la gente era como Beatriz Alcántara. Ellos habían apoyado el Golpe y celebrado la muerte de Salvador Allende y de tantos otros, por eso después no quisieron ver las consecuencias porque no habrían soportado la culpa. Tenían todas las pruebas ante los ojos, pero se negaban a verlas" (Moody, 47)

Obras citadas

Allende, Isabel. *De amor y de sombra*. Barcelona. Plaza y Janés, 1984.

Chatman, Seymour. *Story and Discourse: Narrative Structure in Fiction and Film*. Ithaca: Cornell U P, 1983.

Earle, Peter G. "Literature as Survival: Allende's *The House of the Spirits*." *Contemporary Literature* 28.4 (1987): 542-54.

Fernández Olmos, Margarita. "El género testimonial: aproximaciones feministas." *Revista Interamericana/Interamerican Review* (1982): 69-75.

Levine, Linda y Joe Anne Engelbert. "The World is Full of Stories: An Interview with Isabel Allende." Review 34 (1986): 18-20

Marcos, Juan Manuel. "Isabel viendo llover en Barataria." *Revista Iberoamericana* 130-31 (1985): 129-37.

Moody, Michael. "Entrevista con Isabel Allende." *Discurso literario* 4.1 (1986): 41-53.

_____. "Entrevista con Isabel Allende." *Hispania* 69 (1986): 149-51.

Scholes, Robert y Robert Kellogg. *The Nature of Narrative*. New York: Oxford U P, 1986.

Tacca, Oscar. *Las voces de la novela*. Madrid: Gredos, 1973.

Verdín Díaz, Guillermo. *Introducción al estilo indirecto libre en español*. Madrid: CSCI, 1970.

Iconic/Metaphoric Dress and Other Nonverbal Signifiers in *De amor y de sombra*

Catherine R. Perricone
Lafayette College

The applications of concepts and terms associated with psycholinguistics provides a useful way to evaluate the human discourse[1] which characterizes Isabel Allende's *De amor y de sombra* and its impact upon readers . Immediately drawn into the narrative, the reader questions how this interest is so rapidly aroused and successfully sustained until the novel's conclusion. A partial answer lies in Allende's use of iconic and metaphoric signifiers so much a part of the daily human experience; namely, dress and nonverbal signs.

In this study it will be shown that Allende's use of dress and other nonverbal signifiers functions in her narration in much the same fashion as gestures do in speech. Since nonverbal signs form an integral part of daily life, their meaning is readily accessible to readers, providing them with a more immediate grasp of the novelist's plot, characterization and theme.

What psycholinguists have written about gestures, one of the most frequently used nonverbal signifiers, is particularly germane to this study. As described by Mc Neill in *Psycholinguistics: A New Approach*, gestures enact or depict ideas through patterns of movement. Although usually concurrent with the spoken word, they may somewhat precede verbal expression[2] (211-12) and whether iconic or metaphoric, they exhibit a meaning "relevant to the concurrent sentence meaning" (ibid). Iconic gestures are linked to material actions, and metaphoric gesticulations exhibit images of abstract concepts (16; 230-31). While these iconic and metaphoric gestures provide experts with a means "to see in comparatively pure undistored form, the mental operations of speakers as they utilize the linguistic code" (210), in practical terms they are means to enhance and complement the spoken word; at times they even surpass or supplant the verbal mode in their ability to convey a message. The following examples illustrate how Allende's analogous use of dress and other nonverbal signifiers immediately attracts and sustains reader response throughout *De amor y de sombra*.

The first of these nonverbal signifiers is dress. While "el hábito no hace el monje," it is what draws one's attention to the individual. This is its iconic value, symbolizing as it does an individual's profession. As an iconic signifier it is a nonarbitrary sign; that is, the outward sign perforce of a certain type of profession. Allende uses this kind of nonverbal signifier on numerous occasions to convey a particular image of a character, among them: 1) the long silk dress of half a century ago to introduce the old actress, Josefina Bianchi (11); 2) the fashionable clothing of Beatiz Alcántara, vain mother of Irene, the central figure of the novel (13); 3) Irene's brightly colored skirts and gaudy jewelry and youthful attitude (71); 4) Professor Leal's sockless feet exhibiting eccentricity (29-30); 5) the workman's clothes of Professor Leal's priest-son to indicate his worker role (27); 6) the impeccable white attire of Mario, the homosexual (86); and 7) the uniforms of various military men as symbols of their profession as suggested by their titles of sergeant, lieutenant, and captain.

The nonverbal signifier of iconic dress immediately engages the reader. She makes a first judgement about the person and later expands upon it or changes it because of subsequent information. The reader decides early, whether the character is eccentric (Josefina, Professor Leal), a part of the military establishment (Sgt. Rivera, Lt. Ramírez, Capt. Morante), vain (Beatriz), or a young and stylish person (Irene). Allende subsequently takes the reader from this iconic stage, in which only the external is viewed, to a metaphoric level, where dress embodies an idea, a philosophical or political stance or a particular attitude. For example, when Irene Beltrán, the fashion and news editor for a woman's magazine,[3] learns of the death of some "desaparecidos" and of Evangelina Ranquileo, the adolescent who had been the subject of one of her interviews, Irene's fashionable clothing changes to a simple cotton dress (136) and later to nondescript slacks. Sgt. Rivera saw little resemblance between the woman he remembered and the one who stood before him (230). The fashionable clothes of the "liberated woman"[4] no longer hold any importance for her. Her attire reflects her transformation into a more mature and caring individual. As gestures synchronize with speech to convey meaning, attire analogously indicates this change in Irene.

In Professor Leal's case, his apparently eccentric refusal to wear socks is actually a sign of his rejection of the Franco regime. Having vowed to never wear socks while Franco lived, he is unable to accustom himself to wearing them after the caudillo's death. On a deeper metaphoric level, one could conclude that the trauma he experienced in the ranks opposing Franco was still with him: there is no way to undo the psychological effects of the tragic past (28-33).

The homosexual Mario's white and impeccable clothing contrasts dramatically with the soiled clothes he would have worn as a miner. His clothing symbolizes his complete rejection of that sordid existence, a graphic metaphor for his new life as a hairstylist and owner of the beauty salons. Beatriz's clothing assumes a metaphoric value as more is revealed of this woman's excessive concern for clothes and physical appearance. In fact, her life goal, as exemplified by her attire, is to be beautiful and desirable. In contrast with Beatriz is the worker-priest, who eschewing religious garb and donning the shabby clothes of a laborer, attempts to become like one of the poor whom he serves.[5] At the same time, his actions demostrate a Christianity reminiscent of the simplicity of apostolic times.

A final example of the metamorphosis of the iconic into a metaphoric signifier is found in the military uniform, which is undoubtably one of the most visible indicators of a person's profession. In the metaphoric stage, the uniform becomes a sign of the military mentality and its penchant for order and disciplines as well as pride and ostentation, as exemplified by its sharply pressed creases, the medals which adorn the jacket, the epaulets and military chevrons indicating rank, and the shining shoes. Lt. Ramírez is the example **par excellence** of the career officer whose perfect uniform is a metaphor for his extreme interpretation of the military way of life. On the other hand, a crumpled and torn uniform, muddy shoes, a tie askew or missing can be a visible metaphor for a lack of order and pride in what one does, and ultimately a rejection of the military norm, as is the case with Pradelio, Evangelina's foster brother's disheveled appearance when he is found in a cave by Francisco and Irene.[6] The uniform has now become for him a degrading symbol of the military life in which he had once taken so much pride.

Each of these examples of dress as iconic and metaphoric signs complement Allende's narration and draw the reader more deeply into the story, but one of the most significant cases is that suggested by military attire. In an interview with Levine and Engelbert, Allende herself recognized "[m]achismo ... [as] a global attitude that has political consequences" and commented: "Of course. Have you ever seen anything more **machista** than the military mentality? It is the synthesis, the exaltation, the ultimate exaggeration of **machismo**. There is a direct line from **machismo** to militarism." (20)

The concept of militarism leads to another type of nonverbal signifier: action. The act precipitating the largest portion of *De amor y de sombra* is one which deals with the military and consists of Evangelina's physical attack on Lt. Ramírez. Evangelina Ranquileo, subject to strange epileptic-like seizures ever since her "brother's" enlistment into the army, knocks Lt. Ramírez to the floor during one of her trances (77). Humiliated by this act which occurs in front of his subordinates, the lieutenant later has her arrested. On one level, this unintentional act (there is nothing to indicate that Evangelina knew what she was doing) was an iconic act, a nonarbitrary sign of violence—a punch to the lieutenant's nose, an act which knocked him onto the floor. It, however, also has a metaphoric sense. It is the complete annihilation of Ramírez's military **machismo**. As he sees it, he is irrevocably humiliated by the personal attack and he must respond with a violent act that will restore his **machismo**. Hence he performs the brutal rape of Evangelina just before she dies. Only by a perverse sexual act can this affront to his **machismo** be undone.

Another act frequently used by Allende is that of flight, and is evinced in a number of examples such as the following:

1. the homosexual, Mario, who flees the life of a coal miner;

2. Francisco's parents, the Leals, who had to flee Franco's Spain;

3. Eusebio Beltrán, who flees from his wife Beatriz;

4. Beatriz, who flees into the arms of various men;

5. Javier Leal, who takes flight in suicide;

6. Pradelio, who escapes from prison and flees to the mountains; and finally

7. Irene and Francisco who must flee their country and seek refuge in Spain.

On the iconic level all of these represent an escape to another existence. The metaphoric value of each type of flight becomes apparent upon closer examination. Again gestures synchronize with the linguistic mode or anticipate what will be said. The act of flight precedes a change. Mario's flight[7] anticipates and effects a completely new existence in the city, where he can follow what Nature seems to have preordained.[8]

The departure of the Leal couple, is a metaphor for all those individuals who have had to flee an intolerable political situation. The fact that Francisco, one of Leal's sons, and Irene must flee the land that had brought them safety, in order to return to their parent's country, emphasizes the vicious circle of tyranny that has characterized so much of twentieth century Hispanic political life.

Eusebio Beltrán's flight becomes a metaphor for those individuals who because of their personality, character or lack thereof, are not satisfied with ordinary daily existence. Their lives must be filled with new places and things at all costs. Beatriz, his wife, represents the middle class values and lifestyles that Eusebio rejects, hence his flight from his wife. Beatriz, on the other hand, metaphorically flees her status as an abandoned woman by fleeing into the arms of other men. From these actions, it may be inferred that she attempts to convince herself of her sex appeal and selfworth.

Pradelio's flight to the mountains is a natural response to being incarcerated.[9] On the iconic level, it is a nonarbitrary sign of flight to gain freedom. When he learns that his "sister" Evangelina, with whom he had been involved in an incestual relationship, has disappeared, he flees his mountain refuge to roam the countryside in search of her. With the second flight, he jeopardizes his own life for a more important objective, the life of another.

Javier's act of flight through suicide symbolizes all those who cannot cope with failure even when it is blameless. It is noteworthy that, like gestures which may anticipate speech, his silent and morose preoccupation with tying knots in a cord prefigure the desperate act of a man unable to carry out the traditional male role of caring for the financial needs of his family.

Another nonverbal signifier under the general heading of act is the mix-up of the two Evangelinas at birth in the hospital. Indeed, it was this incident which initiated the majority of the narrative's action and highlighted an intrinsic part of Latin American life. It is important to note that this was the first time either of the two mothers had gone to the hospital to have a baby. At the same time Mamá Encarnación (certainly a symbolic name), the midwife, was incarcerated for practicing medicine. That this mix-up occurred can be viewed as a metaphor for the superiority of the old, traditional way of doing things over the new. The subsequent refusal of the hospital officials to admit what was an obvious mistake shows the entrenchment of bureaucracy in Latin American life.[10] The fact that the two mothers would not simply exchange their children when they returned home, as was suggested by their husbands, demonstrates a blind adherence to the bureaucratic rules and regulations.

By the time Irene and Francisco go to investigate the story of Evangelina Ranquileo's strange attacks, fifteen years have passed since the birth of the two Evangelinas. There is no one answer for the noonday seizures: the townspeople think she is a saint with miraculous powers; a Salvation Army follower attributes them to divine punishment for her stepfather's alcoholism; the Catholic priest believes she is simply crazy; and Mamá Encarnación observes that she is beginning puberty and needs a man (62-65). Whatever the reason may be, the fact that the attacks occur at noon offers further conjecture over their significance. The number twelve symbolizes cosmic order and salvation. Corresponding to the number of signs of the Zodiac, it is also linked to the notions of space, time, and the wheel or circle (234). These seizures, in contrast, present the opposite states: chaos, ruin, and a suspension of time and space during their trance-like moments. Taken as a whole, these attacks disrupt natural order. Nevertheless, just as when the sun is overhead, the earth's revolutions cause the day inexorably to move towards sunset, twilight and night, these attacks provide the symbolic apogee after which events also move inexorably toward Evangelina's rape and death, the discovery of other "desaparecidos" while searching for her, and Francisco's and Irene's exile.

There are other several nonverbal signifiers which complement Allende's narrative style and engage the reader more effectively in this Latin American saga.[11] Gustavo Morante had been Irene's sweetheart since childhood. While at an isolated military outpost, he had written her letters everyday even though he could not mail them. The act of writing the letters serves as an iconic signifier of his physical affection. The letters take on metaphoric value when presented to her upon his return. Dramatically indicative of his undying affection, they become nothing but a bundle of mute linguistic signs, a metaphor for her rejection of Gustavo when she refuses to read them, and conversely a sign of her love for Francisco.

Throughout the novel Allende permits readers to draw their own conclusions about the characters from the actions and activities in which these individuals partake, rather than by their conversations or interior monologues. Serving to exemplify this technique are several of the female characters. Evangelina Ranquileo's mother, symbolically named Digna, is indeed characterized by her activities. As the first to rise and the last to retire, busy throughout the day, she is immediately recognizable as a self-sacrificing individual. When Allende writes: "Digna Ranquileo **sintió compasión por su marido**" (25; emphasis added), she reinforces this impression for the reader. Later she writes: "Para él reservaba la mejor porción de cazuela, los huevos más grandes, la lana más suave para tejer sus chalecos y calcetas" (25). Taken as an iconic image these activities symbolize any busy person; metaphorically, they symbolize the loving concern of a wife and mother for her husband and children.

The second female character whose activities symbolize her is Evangelina Flores, who is actually Digna Ranquileo's daughter. A carbon copy of her real mother, from the time she was twelve years old and began puberty she fought political repression through a dramatic series of events:[12]

> Se presentó en la asamblea de las Naciones Unidas, en ruedas de prensa, en foros de televisión, en congresos, en universidades, en todas partes, para hablar de los desaparecidos y para impedir que el olvido borrara a esos hombres, mujeres y niños tragados por la violencia. (264)

Franciscos's mother, Hilda Leal, is also characterized by certain activities. She, for example, was always at her husband's side at union meetings **"con sus palillos incansables en las manos"** (emphasis added) y la lana dentro de una bolsa sobre sus rodillas" (31). Once again the image of a woman constantly busy and thinking of others is evinced by nonverbal signifiers.

Silence itself is a dramatic nonverbal signifier that conveys as much or more than words. Noteworthy here is Hilda Leal's silence after the explosion that could have killed her and her newborn child; she was, in fact, seriously injured, having saved her son's life by protecting him with her body. When she recovered, she refused to speak of the Civil War (31), her silence standing as a sign of the horror of war, her own rejection of those cataclysmic events, and offering a means of healing the wounds they had caused. Her husband immerses himself in a similiar silence after his son Javier's suicide (124). In both instances external silence stands as a metaphoric signifier of the thoughtful processes happening within which bring healing and acceptance of what cannot be changed.

The revealing silence of another couple juxtaposed with their equally silent actions experienced by the reader at the time of Evangelina's attacks show once again that Allende finds certain nonverbal acts more effective than lengthy narration or dialogue. She wrote:

> El padre (Hipólito Ranquileo), oscuro, desdentado con su patética expresión de payaso triste, observaba abatido desde el umbral, sin acercarse. La Madre (Digna) permanecía al lado de la cama con los ojos entornados, intentando tal vez escuchar el silencio de Dios (74).

One final act deserves special mention. When Francisco and Irene are preparing to leave the country, Rosa, Irene's faithful "nana", gives her a small package containing soil from the family garden. The iconic value of this act lies in the fact that one enjoys the physical presence of a part of one's country no matter where one goes; the metaphoric value symbolizes a love and longing undiminished by time or space. This gathering of garden soil replicates Isabel Allende's action upon leaving Chile.[13]

In conclusion, Isabel Allende in *De amor y de sombra* has used dress and other nonverbal signifiers to complement her narrative in the same way that gestures are either mimetic or anticipatory of the meaning of speech. The use of these iconic and metaphoric signs, so much a part of everyday experience, immediately arouses and sustains the reader's interest throughout the novel, and the humane discourse that results from this technique leaves an unforgettable image of Latin American life in the reader's mind.

Notes

1 Humane discourse refers to narration without any complex word games or temporal or spatial displacement. Allende's humane and accessible discourse coincides with the social focus of her novels. In a speech at George Mason University, she stated:

> "A los escritores de Latinoamérica se les reprocha a veces que su literatura sea de denuncia, ¿por qué no se limitan al arte y dejan de preocuparse de problemas irremediables? ...Creo que mi respuesta está en que conocemos el poder de la palabra y estamos obligados a emplearlas para contribuir a un mejor destino de nuestra tierra." Quoted by Mario Rojas, "La casa de los espíritus de Isabel Allende: una aproximación sociolingüística." *Revista de Crítica Literaria Latinoamericana.* 11. 21-22 (1985): 205-213.

See also Marta Traba's "Hipótesis sobre una escritura diferente", fem 6.21: 9-12, in which she discusses the feminine writer's deep concern for establishing contact with her readers.

2 McNeill gives various examples of iconic and metaphoric gestures. Emphasizing the co-presence and shared meaning of gesture and speech, he demonstrates an iconic gesture accordingly:

a) **and he bends it way back** (hand appears to pull object back [19]),

b) description of a cartoon event: he goes **up through the pipe this time** (hand rises quickly and fingers open [ibid]).

The simultaneous statements and gestures refer to a physical activity connected with the material, visible world, hence their classification as iconic gestures. After referring to I.A. Richard's classic definition of a metaphor as described in his *Philosophy of Rhetoric* (quoted in McNeill, 164) and later defining a metaphoric gesture as "the entification of abstract ideas" (232), McNeill provides the following examples of this type of gesture:

a) **I want to ask a question** (hand forms a question [231]),

b) **That book is packed with meaning** (one hand pushes against the palm of the other [ibid]),

c) various pictorial illustrations of mathematicians describing concepts of direct limit, inverse limit, etc., (233-35).

3 This is an autobiographical note. Allende worked for *Paula*, a Chilean women's magazine, until she was dismissed; however, she continued her journalistic work, doing interviews and recording as does the protagonist of her novel. See Michael Moody's "Isabel Allende and the Testimonial Novel" (39).

4 Irene is "liberated" in her sexual freedom — she tells Francisco that she is not a virgin and also has sexual relations with him. She is an independent woman making her own living as a journalist, and it was her decision to use one floor of her mother's home as a residence for the elderly.

5 Of course, his dress reduces his visibility in his efforts to assist the victims of political repression.

6 Pradelio was so respectful of his commanding officer Lt. Ramírez, that Pradelio informed him about Evangelina. He obviously had not anticipated that Ramírez would order an investigation of the events. This is a classic example of military meddling into civilians' lives.

7 There is a great deal of irony to be found in the fact that it was the prostitute chosen to teach Mario about sex, who urged him to leave home in order to escape the fate of his father and brothers (87-88).

8 Allende portrays Mario very sympathetically. In a society which denigrates the homosexual as a coward and a misfit, the novelist makes him a brave man who assists in the escape of political **personae non gratae**. In particular, he helps Irene and Francisco leave the country after they have become enemies of the state.

9 Lt. Ramírez holds Pradelio partially responsible for what Evangelina did to him and puts him in prison. A fellow soldier, Sgt. Rivera, helps him escape. Rivera is subsequently murdered because he had been seen speaking with Irene. A notebook he had kept of events relating to Evangelina and other "desaparecidos" disappears with him. Irene, however, had taped the conversations and given them into the safekeeping of Josefina Bianchi. Ultimately the content of the tape is published in the newspaper and the tragedy of the "desaparecidos" is revealed. Allende based the whole episode of the finding of the "desaparecidos" on an actual event occurring in Lonquén, a village not far from Santiago, in 1978. (See Moody, 40.)

10 History bears testimony to this. Since the days of the conquistadores and the establishment of the Casa de Contratación and the Consejo de las Indias, the government has endeavored to monitor every facet of Latin American life from religion to commerce.

11 Although not precisely like the baroque saga of *La casa de los espíritus*, as described by Tatiana Tolstoi in her review of the novel, *De amor y de sombra* does offer a dramatic account of the political reality that has characterized Latin America since the age of the Caudillos.

12 It may only be coincidental, but the number 12 seems to have its intended symbolic value of order and salvation as previously described in conjunction with Evangelina Ranquileo's noonday seizures.

13 In a prefatory biographical note to *La casa de los espíritus* the following quotation from Allende appears:

> "... Cuando hice la maleta para irme de Chile **eché unos puñados de tierra del jardín en una bolsa** (emphasis added). En Caracas la puse en un macetero y planté en la tierra chilena un nomeolvides. Durante estos años no ha hecho más que crecer y crecer. Como mi nostalgia."

Works Cited

Allende, Isabel. *De amor y de sombra*. Barcelona: Plaza y Janés, 1984.

_____. *La casa de los espíritus*. Barcelona: Plaza y Janés, 1982.

_____. "El valor de la palabra." Speech given at George Mason University, 19 March 1984.

Cirlot, J. E. *A Dictionary of Symbols*. Jack Sage, tr. New York: Philosophical Library, 1962.

Kendon, A. "Gesticulation and Speech: Two Aspects of the Process of Utterance." In *The Relation Between Verbal and Nonverbal Communication*, M.R. Key, ed. The Hague: Mouton, 1980, 207-227.

Levine, Linda and JoAnne Englebert. "The World is Full of Stories." *Latin American Literature and Arts Review* 34 (1985): 18-20.

McNeill, David. *Psycholinguistics: A New Approach*. New York: Harper & Row, 1987.

Moody, Michael. "Isabel Allende and the Testimonial Novel." *Confluencia: Revista Hispánica de Cultura y Literatura* 2.1 (1986): 39-43.

Richards, I. A. *The Philosophy of Rhetoric*. New York: Oxford University P, 1936.

Rojas, Mario. *"La casa de los espíritus* de Isabel Allende: Una aproximación sociolingüística." *Revista de crítica literaria latinoamericana* 11.21-22 (1985): 205-213.

Tolstoi, Tatiana. "Une Saga Baroque." *Quinzaine Litterarie* 417 (1984): 7.

Traba, Marta. "Hipótesis sobre una escritura diferente." *fem* 6.21: 9-12.

Deseo, incesto y represión en
De amor y de sombra

Monique J. Lemaitre
Northern Illinois University

En el *Anti-Edipo*[1] leemos lo siguiente:

> Piensen lo que piensen algunos revolucionarios, el deseo en su esencia es revolucionario-el deseo, ¡no la fiesta!- y ninguna sociedad puede soportar una posición de deseo verdadero sin que su estructura de explotación, avasallamiento y jerarquía no se vean comprometidas. Si una sociedad se confunde con sus estructuras (hipótesis divertida), entonces, sí, el deseo la amenaza de forma esencial. Para una sociedad tiene, pues, una importancia vital la represión del deseo, y aún mejor que la represión, lograr que la represión, la jerarquía, la explotación, el avasallamiento mismos sean deseados (...) El deseo no quiere la revolución, es revolucionario por sí mismo, y de un modo como involuntario, al querer lo que quiere (Deleuze, 122).

De amor y de sombra,[2] la segunda novela de Isabel Allende puede leerse como el producto, consciente e inconsciente de una red de encuentros y desencuentros cuya dinámica central es la del deseo. Después de analizar la dialéctica del mismo en la novela, trataré de mostrar cómo el deseo de manera quizá involuntaria hace que el texto no pueda ser inscrito dentro del movimiento de la novela testimonial revolucionaria.[3]

A modo de "Aviso al lector", Isabel Allende nos indica que la historia que estamos por empezar a leer es verídica y que le fue, junto con otros testimonios, relatada por sus protagonistas. Su intención, su "deseo" al transcribirla, nos dice es "para que no lo borre el viento" (*De amor...* 7). Lo históricamente comprobable, sin embargo, está relacionado con el descubrimiento de los cadáveres en la mina de Los Riscos.[4] Aún en el caso de no ver en el "Aviso al Lector" sino una estratagema literaria con visos de incrementar la verosimilitud del relato no puede negarse que el móvil inicial y primordial de la autora haya sido el "deseo" de

delatar los crímenes perpetuados bajo el régimen del actual dicta-
dor de Chile, General Augusto Pinochet, móvil que ya había inspi-
rado los dos últimos capítulos de su primera novela, *La casa de los
espíritus*.[5] Es este "deseo" visceral el que triunfa al final y hace que
la mayoría de los críticos de izquierda, con la excepción de
Gabriela Mora, ignoren las barreras con las cuales la autocensura
de la autora acorrala precisamente al(a) lector(a) que comparte la
urgencia de su denuncia del crimen, la cual no tiene por qué ser en
detrimento de una posición más feminista, como lo ha señalado
Mora en el artículo anteriormente citado. Desde el principio de la
novela, Irene nos es presentada como una joven atractiva, un tanto
bohemia y compasiva, como lo atestiguan los cuidados y el tiempo
que les dedica a los ancianos del hogar geriátrico "La Voluntad de
Dios". Su total inconsciencia política nos es explicada de la
siguiente forma:

> La educaron para negar las evidencias desfavorables, descartándolas como
> signos equivocados. Le tocó ver alguna vez detenerse un automóvil y a
> varios hombres abalanzarse sobre un peatón introduciéndolo a viva fuerza en
> el vehículo, de lejos olió el humo de las hogueras quemando libros
> prohibidos; adivinó las formas de un cuerpo humano flotando en las aguas
> del canal. Algunas noches oía el paso de las patrullas y el rugido de los
> helicópteros zumbando en el cielo. (*De amor...*, 117)

Irene reprime pues su "deseo" de ver la realidad política de su
país, sin caer nunca, sin embargo, en el extremo de desear, como lo
hace su madre Beatriz, la represión, la jerarquía, la explotación y el
avasallamiento. Se desplaza más bien en un limbo de "mala fe"
sartreana, creándose una "persona" o máscara de rebeldía y
"liberación" superficiales, mediante su apariencia agitanada y la
relación sexual que mantiene con Gustavo. Es decir que el retrato
que Allende nos ofrece de Irene al principio de la novela es el de
una burguesa redimible, pero burguesa al fin.

El deseo sexual que la une a Gustavo Morante tiene matices
incestuosos y ecos de García Márquez. Gustavo e Irene son
primos (no se sabe si hermanos) que empezaron desde niños sus
exploraciones eróticas:

> Demoraron algunos veranos en alcanzar la máxima intimidad, por temor a
> las consecuencias y frenados por la timidez del muchacho, a quien le habían
> inculcado que hay dos clases de mujeres: las decentes para casarse y las otras

para acostarse. Su prima pertenecía a las primeras. No sabían evitar un embarazo y sólo más tarde, cuando la ruda vida del cuartel instruyó al joven en los oficios de los hombres y su moral adquirió cierta flexibilidad y pudieron amarse sin miedo. (*De amor...*, 146)

y unas líneas más abajo añade:

A pesar de su novio y del prodigioso encuentro con el amor, para ella el centro de su universo siguió siendo su padre (...) No cultivaba ilusión acerca de él, pero lo amaba profundamente, (*De amor...*, 146).

De acuerdo con las teorías de Félix Guattari y Gilles Deleuze:

El agente delegado de la represión, o más bien delegado a la represión es la familia: la imagen desfigurada de lo reprimido son las pulsiones incestuosas. El complejo de Edipo, la edipización, el fruto de la doble operación. **En un movimiento, la producción social represiva se hace reemplazar por la familia reprimente y ésta dá de la producción deseante una imagen desplazada que representa lo reprimido como pulsiones incestuosas.** (Deleuze, 125)

En la novela que nos ocupa, Beatriz, la madre de Irene, representa a la "familia reprimente" y la producción deseante del personaje de Irene solamente logrará liberarse al decidir Irene enfrentarse a la realidad de su país y, además, intervenir activamente en la denuncia de los crímenes cometidos por el teniente Juan de Dios Ramírez. Lo interesante aquí es que la misma Beatriz desplaza su represión individual, que no es sino el reflejo inconsciente de la represión general a su "lujo secreto", Michel (*De amor...*, 172). Algo tiene, en efecto, de incestuosa esa relación, dada la diferencia de edades. "Era tanto menor que podía pasar por su hijo" (*De amor...*, 172) puntualiza la narradora. Además, al igual que la relación sexual de su hija con Gustavo, la relación de Beatriz con Michel se disfraza de independencia. En *El Anti-Edipo* leemos que:

La represión es tal que la represión general se vuelve deseada, dejando de ser consciente, e induce un deseo de consecuencia, una imagen truncada de aquello a que conduce, que le da una apariencia de independencia (Deleuze, 125).

En cuanto al deseo que siente Pradelio del Carmen Ranquileo por su hermana cambiada, Evangelina, éste es catalogado como incestuoso por la narradora, después que el propio Pradelio dice:

___Me fui para no mancharme las manos con mi hermana___confesó a Irene y Francisco en la cueva de la montaña (...). Fue así como Pradelio huyó de su destino de agricultor pobre, de una niña que empezaba a hacerse mujer y de los recuerdos de una infancia afligida por el incesto (*De amor*, 163).

Mientras que Deleuze y Guattari escriben que:

Al presentarse el espejo deformante del incesto (¿eh, esto es lo que querías?), se avergüenza al deseo, se le deja estupefacto, se le coloca en una situación sin salida, se le persuade fácilmente para que renuncie<<a sí mismo>>en nombre de los intereses superiores de la civilización (Deleuze, 125).

Lo curioso es que en el caso del deseo de Pradelio por Evangelina y de ésta por aquél, el sistema, al negarse a reconocer un hecho obvio, el intercambio de las dos Evangelinas en el Hospital, literalmente crea, o más bien falsifica una situación incestuosa que no es sino una parodia de la construcción edípica freudiana. El deseo por ambos compartidos no es anormal puesto que los dos saben que no los atan lazos de sangre, pero torna a ser "anormal" o sea incestuoso debido al sistema de represión general imperante en el pueblo y en el país. El alejamiento de Pradelio del hogar familiar parece además estar directamente conectado con la irrupción de los ataques de Evangelina, su hermana adoptiva y en varias ocasiones la enfermedad de Evangelina nos es descrita como debida a un desajuste hormonal de índole sexual. O sea que el deseo "normal" de Evangelina por Pradelio adquiere matices anormales y esquizofrénicos a partir del momento en que la represión institucionalizada impone la tergiversación de lo "normal" en "anormal".

Según Deleuze y Guattari, la producción es binaria (y no ternaria como lo aseguraba Freud y sus seguidores dentro del modelo edípico). Esta producción deseante es fluida y lineal y necesita de dos "máquinas deseantes" para ponerse en marcha. Si esta "extraordinaria fluidez" (Deleuze, 23) se ve súbitamente interrumpida, se produce la esquizofrenia en donde se mezclan todos los códigos. Ésto parece ser lo que le sucede a Evangelina durante sus ataques y lo que explicaría las atribuciones milagrosas que los campesinos le hacen, así como los trastornos del mundo natural (objetos que bailan en la alacena , lluvia de piedras invisibles, fuerza física inexplicable dada la fragilidad de Evangelina) ya que, cuando todos los códigos se mezclan, todo es posible, sobre todo dentro del discurso literario.

Por otra parte, el falso deseo, el deseo de represión, está personificado por el Teniente Juan de Dios Ramírez cuya carrera nos es descrita por el Sargento Rivera quien atribuye el cambio de su superior al primer fusilamiento que tuvo que dirigir después del golpe militar de 1973. "____Antes no era así. No era un mal hombre. (*De amor...*, 130) le confiesa a Irene y a su grabadora disimulada, añadiendo.

> Recién regresado de la escuela de oficiales, Ramírez reunía las virtudes de un buen militar: pulcro, intransigente, cumplidor. Conocía de memoria los códigos y reglamentos, no admitía fallas, revisaba el brillo del calzado (...) ___Pero no lo hacía por maldad, señorita, sino para enseñarnos a ser gente. Creo que en esa época mi teniente tenía buen corazón. (*De amor...*, 130-131).

El Profesor Leal, quien parece ser el personaje que traduce más de cerca la ideología de la autora-narradora, piensa que el deseo de represión forma parte íntegra de la educación militar. Este utiliza el pensamiento de Bakunin para ilustrar su propio punto de vista:

> La educación de los militares, desde el soldado raso hasta las más altas jerarquías, los convierte necesariamente en los enemigos de la sociedad civil y del pueblo. Incluso su uniforme, con todos esos adornos ridículos... Ese atavío y sus mil ceremonias pueriles entre los que transcurre su vida sin más objetivo que entrenarse para la matanza y la destrucción, serían humillantes para hombres que no hubieran perdido el sentimiento de la dignidad humana. Morirían de vergüenza si no hubieran llegado, mediante una sistemática perversión de las ideas, a hacerlo fuente de vanidad (*De amor...*, 201).

En este texto de Bakunin seleccionado por el Profesor Leal para uno de sus panfletos clandestinos, la palabra clave es "perversión". Perversión del deseo reprimido que lleva al Teniente al asesinato de los Flores y demás campesinos cuyos restos son descubiertos por Francisco e Irene en la mina de los Riscos y a la violación y al asesinato de Evangelina Ranquileo.

Además esta perversión del deseo atraviesa, en la novela de Allende, los parámetros de la territorialidad individual. Existe, entre los hechos narrados por el Sargento Rivera y los hechos perpetuados por el Teniente Ramírez una suerte de osmosis textual que borra toda frontera entre la psique de ambos. En efecto, cuando el Sargento "imagina los sucesos que ocurrieron después de que el Teniente saca, de noche, a Evangelina de la prisión militar "como si lo viera en una película" (*De amor...*, 234), parece estar describiendo su propio deseo:

> La penetró apresuradamente, aplastándola contra el piso metálico de la camioneta, estrujando, arañando, mordiendo a la niña perdida bajo la mole de sus ochenta kilos, los correajes del uniforme, las pesadas botas, recuperando así el orgullo de macho que ella le arrebató ese domingo en el patio de su casa (*De amor...*, 234).

Dos son los militares que, en el texto de la novela parecen ser redimibles: Pradelio Ranquileo y Gustavo Morante. El primero nos es descrito como víctima del sistema:

> Te hicieron creer que tenías el poder, te martillaron el cerebro con el ruido de altoparlantes en el cuartel, te lo ordenaron en nombre de la patria y así te dieron tu dosis de culpa, para que no puedas lavarte las manos y permanezcas atado para siempre por eslabones de sangre, pobre Ranquileo. (*De amor...*, 196)

En cuanto a Gustavo Morante, un intento de insurrección fallida, el arresto, la tortura y la muerte en manos del servicio de inteligencia no basta para exonerarlo de responsabilidades ante el(a) lector(a). Su reacción ante Mario el peluquero, por ejemplo, en mucho más verosímil que su súbita toma de conciencia después del atentado en contra de Irene. La narradora parece contradecir la ceguera política de Gustavo hasta ese momento de la novela al indicar que "Sus años de carrera militar le dieron un profundo conocimiento de la institución y decidió emplearlo para derrocar al general." (*De amor...*, 267). Sabemos, además que ha pasado una temporada en Panamá (¿en la Escuela de las Américas?). Es de notarse, a pesar de los indiscutibles méritos de la novela, la reticencia por parte de la autora-narradora a esbozar siquiera o sugerir una solución verdaderamente popular al dilema en el que se encuentra su adolorido país. Es a esta reticencia a la que me atreviera yo a llamar autocensura. La autocensura como una suerte de represión inconsciente del deseo.

Unos de los personajes más simpáticos, verosímiles y bien redondeados de la novela, el Profesor Leal, es víctima de la autocensura de la autora. El que haya dejado de ser comunista después de la invasión de Checoslovaquia es algo que comparte con muchos otros ex-comunistas, entre los cuales se podrían mencionar grandes personajes del mundo artístico y literario contemporáneo, pero la mayoría no abandonó su ideología marxista, mientras que los llamados "liberales" aprovecharon esta ocasión para mostrar sus verdaderos colores que en la "alfombra abigarrada" de Cortázar[6] no se encuentran precisamente "a la izquierda, sobre el rojo". Muchos dejaron de ser pro-soviéticos, pero pasar del marxismo-leninismo al anarquismo no me parece verosímil.

Por lo general, la autocensura proviene de un deseo inconsciente de no enajenarse de la cultura hegemónica. En el *Anti-Edipo* leemos que:

> ...la literatura es como la esquizofrenia: un proceso y no un fin, una producción y no una expresión. Incluso ahí, la edipización es uno de los factores mas importantes en la reducción de la cultura a un objeto de consumo adecuado al orden establecido e incapaz de dañar a nadie. No se trata de la edipización personal del autor y de sus lectores, sino de la forma **edípica** a la que se intenta esclavizar la propia obra, para convertirla en esta actividad expresiva que segrega ideología según los códigos sociales dominantes. De este modo se considera que la obra de arte se inscribe entre los dos polos de Edipo, problema y solución, neurosis y sublimación, deseo y verdad___uno regresivo, bajo el que trama y redistribuye los conflictos no resueltos de la infancia, otro prospectivo, por el cual inventa las vías de una nueva solución que concierne al futuro del hombre.(Deleuze, 139)

La reacción de Francisco Leal, por ejemplo, ante la muerte de Gustavo Morante, me parece ser de tono netamente regresivo:

> Cuando Francisco Leal se enteró de lo ocurrido, pensó con respeto en el Novio de la Muerte. Si en las filas existen hombres así, comentó, aún hay esperanza. La insurrección no podrá ser siempre controlada, crecerá y se multiplicará dentro de los cuarteles, hasta que no alcancen las balas para aplastarla. Entonces los soldados se unirán a la gente de la calle y del dolor asumido y la violencia superada, podrá surgir una nueva patria (*De amor...*, 267-268)

Aquí Francisco desea que el día de la represión se dé en el seno mismo de ésta y no desde fuera del sistema militar como antes lo deseara.

Por otra parte hay un movimiento prospectivo en la narración, cuya intención es la de traducir la "verdad" de la situación, lo más "objetivamente" posible, mediante la inclusión de puntos de vista más radicales como el del Profesor Leal:

___¡Sueñas, hijo! Aunque haya militares como ese Morante, en esencia las Fuerzas Armadas no cambian. El militarismo ya ha causado demasiados males a la humanidad. Debe ser eliminado. (*De amor...*, 268)

El Profesor Leal y su hijo Francisco se encuentran aquí aprisionados dentro de la polarización edípica de problema y solución que delimita la producción literaria del deseo reprimido generalizado. Es interesante notar además que la única solución que emanaría del auténtico deseo revolucionario -la de la guerra de guerrillas- solamente aparezca mencionada en el texto como una opción descabellada y ridícula:

> Tenía dieciséis años cuando partió al sur con unos guerrilleros novatos, a entrenarse en una incierta insurreccción y una Gran Marcha a alguna parte. Siete u ocho muchachos más necesitados de. una niñera que de un fusil, formaban aquella escuálida tropa, al mando de un jefe tres años mayor, único conocedor de las reglas del juego. (*De amor...*, 197)

La narradora califica además a este embrión de grupo guerrillero de "grupúsculo extremista" y dos páginas más adelante da a entender que eventualmente se convirtió en el "Sendero Luminoso" peruano. El tono es eminentemente despectivo y el mensaje (bajo el pretexto de la ideología "extranjerizante," que aquí viene a ser el maoísmo) es que Chile debe encontrar una solución chilena a los problemas que lo aquejan. ¿Por la vía pacífica y "democrática"? El texto no lo especifica.

Además la narradora explica la fuga juvenil de Francisco como una "fascinación de la violencia" y un "vértigo irresistible hacia la guerra y la muerte" (*De amor...*, 197). Afirmación que desmienten muchos textos testimoniales como *La montaña es algo más que una inmensa estepa verde* de Omar Cabezas[7], que nos hablan precisamente del miedo a la muerte y a la tortura de los jóvenes estudiantes que están próximos a unirse al Frente Sandinista antes de la derrota de Somoza. No puede negarse que tenían más necesidad de rifles que de niñeras, a pesar de su corta edad. ¿Y qué decir de los jóvenes reclutas que luchan hoy por defender la joven revolución nicaragüense de los contrarrevolucionarios, o de los "muchachos" del Farabundo Martí de El Salvador? Además, en la autobiografía de Cabezas queda bien claro como un "grupúsculo" alimentado de Marx, del Che, pero también del Evangelio creció y derrotó al tirano.

De amor y de sombra, me deja un tanto perpleja ya que contiene elementos importantes de denuncia, pero también parece abogar por una solución dentro del "status quo" que establece una diferencia entre los grupos sociales que crecieron con niñera y aquellos que crecieron sin ella, quizá yo misma me esté olvidando de que la literatura es un proceso y no un fin, una producción y no una expresión, como lo aseguran Gilles Deleuze y Félix Guattari, y que todo le es permitido, inclusive la reproducción de la estructura edípica, o sea patriarcal y hegemónica.

Notas

1 G. Deleuze, y F. Guattari, *El anti-edipo, capitalismo y esquizofrenia* (Barcelona: Ediciones Paidos Ibérica, 1985). Todas las citas de esta traducción del original en francés (Les Editions de Minuit, París, 1972) aparecen en el texto como (Deleuze, x).

2 Isabel Allende, *De amor y de sombra* (México: Edivisión, 1984). Todas las citas de esta novela aparecen en el texto como (*De amor...*, x).

3 cf. al artículo de Gabriela Mora: "Las novelas de Isabel Allende y el papel de la mujer como ciudadana", *Ideologies & Literatures*, Spring, 1987: 53-62. Estoy completamente de acuerdo con las conclusiones a las que llega G. Mora, sobre todo en lo que atañe a la inverosímil inocencia y falta de información de Irene y de Gustavo Morante, dentro de las coordenadas del texto de Allende, durante la primera parte de la novela.

4 Ver nota al artículo de G. Mora arriba mencionado: 60.

5 Isabel Allende, *La casa de los espíritus* (Barcelona: Plaza y Janés, 1982).

6 Julio Cortázar, *La vuelta al día en ochenta mundos* (México: Siglo XXI, 1967) 213.

7 Omar Cabezas, *La montaña es algo más que una inmensa estepa verde* (México: Siglo XXI, 1982).

Obras citadas

Allende, Isabel. *De amor y de sombra*. México: Edivisión, 1984.

Allende, Isabel. *La casa de los espíritus*. Barcelona: Plaza y Janés, 1982.

Cabezas, Omar. *La montaña es algo más que una inmensa estepa verde*. México: Siglo XXI, 1982.

Cortázar, Julio. *La vuelta al día en ochenta mundos*. México: Siglo XXI, 1967, 213.

Deleuze, G. y F. Guattari. *El anti-edipo, capitalismo y esquizofrenia*. Barcelona: Ediciones Paidos Ibérica, 1985.

Mora, Gabriela. "Las novelas de Isabel Allende y el papel de la mujer como ciudadana". *Ideologies & Literatures*. Spring, 1987, 53-62.

EVA LUNA

Entre principio y final:
La madre/materia de la escritura en
Eva Luna

Ester Gimbernat de González
University of Northern Colorado

con prolijidad despeja su mirada cuenta historias
a sus hijos prepara un solo grito que incesante
destrozará al mundo. Alicia Borinsky.

Y en el principio fue Eva: Las marcas de su inscripción

immersed in somatic turmoil, overpowered by
dispersive forces, the grammatical subject
fades away like a distant station dissembled by
static. Thomas Pavel

En la página inicial de *Eva Luna* leemos: "Me llamo Eva, que quiere decir vida, según un libro que mi madre consultó para escoger mi nombre."[1] En este comienzo se encuentran dos elementos relevantes para el estudio que me propongo: el nombre y la fuerza otorgadora del nombre, la madre. Dar el nombre de Eva, es no sólo dar vida, "ganas de vivir," es instituir la dinastía de Eva y sus hijas.[2] Si bien la protagonista que se apropia de la primera persona en la narración es Eva, y se posesiona de una centralidad arrolladora, su nombre se desdobla en una serie de otras "caras de Eva," ofreciendo una galería de problemáticas propias de mujeres en la pobreza, la ignorancia y bajo la influencia de las imposiciones de la institución. El apellido, también creado por la madre, es Luna. Esta es una confirmación y a la par una contradicción de Eva. "In several of the myths...which describes how the first woman introduced death and woe into the world, that First Woman and the Moon are one and the same person (Briffault, II - 572-573). Subrayando además que en el pensamiento más primitivo "(t)he dangerous dreaded character which is ascribed to women extends...to that celestial body which is everywhere intimately associated with women, namely the moon." A la otra cara de la luna se le otorga una reflexión más positiva acerca del sexo femenino: "The Holy Virgin is usually identified with the moon. She is called "The Moon of the Church," "Our Moon," "the spiritual Moon" and "The Perfect and Eternal Moon." (III, 184).[3] Esta paradójica simultaneidad abiertamente presentada en el nombre de la protagonista y de la novela, ofrece el privilegio de una apertura hacia el aprovechamiento inagotable de los contrarios además de las múltiples facetas de la reversión.

Muchas son las caras de Eva que van a aprovechar la inmediatez del "yo" de esa Eva Luna heredera de una saga que da vida. Ninguna de ellas es casada, y la única que lo es, Zulema, muere de amor por otro hombre. Consuelo, la Madrina, la Señora, Elvira, la yugoslava, la de la peluca, son mujeres sin pareja. Viven bajo la ilusión de controlar su ánimo más inmediato, a la deriva dentro de un sistema patriarcal al cual no se sabe con claridad, si realmente impugnan[4]. Cuando juegan a contrapelo de la institución, el juego las marca, destituye, confina o recluye. Inmersas en el discurso de la razón patriarcal que traspasa cada instancia de sus historias, elaboran el trazado de su destino inscribiéndolo en su única máxima posesión: el territorio de su cuerpo.

Voy a detenerme en el caso de dos de ellas, la Madrina y Elvira, por el enriquecedor mosaico de relaciones que abren para Eva, la responsable del discurso. La Madrina, aunque desinhibida y coqueta en la juventud se acoge a cada regla religiosa y de jerarquía laboral que considera la posible confirmación de un espacio propio. Su rigidez frente al cumplimiento de las obligaciones la lleva a ejercer hasta la violencia sin mediar consideraciones. Sin embargo, su mundo cotidiano se desmorona al perder "públicamente" su imagen de madre luego de dar a luz a un monstruito de dos cabezas, a quien se arroja a la basura. En un intento de controlar ese destino que se le escapa de las manos, hace que una matrona le suture los órganos genitales. Esta costura es la marca de la culpa que se le impone desde afuera: ininteligible para ser enmienda. Esta madrina quien se hace coser el sexo, se abre en la garganta una nueva boca de solo tajo una, para callar lo no traducible en palabras, lo que no sabe decir. Sin embargo al salvarse de la aventura de su degollamiento, la cicatriz gruesa y tosca que la adorna es una inscripción que la signa, la deja del lado del silencio mayor: se le niega el estado de cordura. El cuerpo cerrado, las aberturas fuertemente cosidas, la confinan al hermetismo de la sin-razón.[5] Paradójicamente bajo el rótulo de enferma mental, la Madrina recluida dentro de sus costuras, logra un espacio en el sistema en el que antes no había tenido cabida.

Ese hermetismo trazado en su cuerpo, se equipara al espacio de 'la casa', reducido a un cajón de muerto que hay en el cuarto de Elvira. Ese cajón-cama a lo Sara Bernard, es la ruta hacia adentro, es otro tipo de costura frente a la vida de afuera. Al introducirse en ese cajón Elvira se acoge a la más estricta limitación de lo "privado", clausurándose a voluntad, en la puesta en escena con que se ilusiona de su diferencia. Elvira critica constantemente el gobierno, las injusticias del mundo de afuera, del ámbito público del que se sabe enajenada, y elige la rebeldía de ese cajón convirtiéndolo en su escape. En el ejercicio de la reclusión confirma las reducidas dimensiones de sus panoramas, aunque a la par repite el sentido de la muerte temporal de las heroínas de muchos cuentos infantiles, como Blancanieves, Caperucita Roja y la Bella Durmiente.[6] Cómica e irónicamente, ese minúsculo territorio conquistado hacia la muerte se transforma en su Arca de Noé que la salva de las desatadas fuerzas naturales.

> Imagínate, pajarito, tanto dormir en el cajón para que la muerte me agarre preparada y al fin **lo que me agarra es la vida**. Nunca más me acuesto en un ataúd, ni cuando me toque ir al cementerio. **Quiero que me entierren de pie, como un árbol.** (237, énfasis mío)

Al encontrar la vida en su nave de la muerte, decide ser árbol, hasta cuando esté en el cementerio. Arbol de pie, árbol con constante potencia de crecimiento que la libera de un papel femenino largamente inculcado y asimilado. Para Eva, la Madrina y Elvira se inscriben en una conjunción de opuestos términos de lo privado, a la vez que le abren a través del trabajo, una, y de la radio, otra, el resquicio posible hacia el mundo de afuera. Ambas encuentran en Eva la concreción de una maternidad que encaminan y protegen. No se vislumbra en tal relación la reflexión plurivalente de las marcas que infringen, desde sus dominios de lo privado, a la escritura del "yo" narrador.

La representación física de Eva Luna, no toma "cuerpo" a través de ninguna descripción. Las otras mujeres, sus otras caras, tienen curvas, piel, melenas, rasgos distintivos, tersura, espejos que les devuelven una imagen; el cuerpo de Eva se pierde en generalizaciones sobre datos propios de su crecimiento, sin definirse los contornos de su ser físico. Ese vacío que deja su aspecto físico, indefinido, equilibra la fuerza del "yo"/narradora, dejando aflorar de la transparencia de ese cuerpo ficticio referencias múltiples: "transformada en un ser disperso, reproducida hasta el infinito, viendo mi propio reflejo en múltiples espejos, viviendo innumerables vidas, hablando con muchas voces." (273)

Así se construye el texto de la novela, desde un yo que deja en algunos capítulos pares, acceso a la historia de un futuro Adán, compañero de Eva. Dos historias que parecen crecer a la par, con un libresco deber de cruzarse en algún momento. Pero aunque las historias marchan paralelas la primera persona en que está contada una de ellas, le da primacía sobre la del galán europeo narrada en una tercera persona que lo relega a ser el "otro". Muchos datos de la misma historia, dejan a este Adán/Rolf como complemento, al margen. A través de las aventuras de su vida, el papel que mejor lo define es el de testigo, sus acciones son vicarias, y también lo son las de quienes actúan a su alrededor. Los otros muchachos de la escuela matan a su padre, a quien él quiere matar, es el amante de sus primas pero no es su marido, los tíos lo quieren hacer su heredero pero no es su hijo, cuando elige el periodismo como profesión es para atestiguar la lucha de los otros. El está en todos los campos de batalla pero no lucha. El andante del discurso que le otorga una historia en tercera persona, confirma su valor de suplemento, necesario de la acción.[7] La otra parte de su historia, destaca el sino activo de la historia contada en primera persona. Eva es la una, mientras Rolf es el otro.

Y en el principio fue la madre: La fundación en su palabra

> Crece mi lengua el costado de tu lengua... hasta
> aquí ha llegado el silencio todo lo demás es un
> fragor que crece y crece. Edna Pozzi

A diferencia de la Eva mítica que es hija de hombre, Eva Luna es hija de Consuelo, quien la pare en soledad (23). Consuelo, la madre que genera vida

> era una persona silenciosa, capaz de disimularse entre los muebles, de perderse en el dibujo de la alfombra, de no hacer el menor alboroto, como si no existiera; sin embargo **en la intimidad** de la habitación que compartíamos **se transformaba.** (25, énfasis mío)

Consuelo la dócil seguidora de una tradición de silencio, prudencia y boca cerrada, entre las paredes de su cuarto pequeño logra se adueña del universo. "las palabras son gratis, decía y se las apropiaba, todas eran suyas." (26). La madre de Eva no tiene nada pero puede ofrecerle la mayor y más poderosa herencia: la herencia de la palabra. Basta pronunciar "la palabra justa para dar" vida o muerte. Con la palabra le entrega a Eva el mundo, en todas sus dimensiones y posibilidades.

> La creencia de la madre arraiga en el miedo fascinante de una pobreza: la pobreza del lenguaje. Si el lenguaje no puede situarse ni me permite expresarme para el otro, yo presumo, quiero creer, que alguien ha de suplir lo que falta en esa pobreza: alguien, una persona antes de que eso me hable, antes de que la lengua se me transforme en fronteras, separaciones, vértigos. (Kristeva, 75)

Es justamente esa lengua anterior a divisiones, fisiones o dualismos la que permite desentronizar el silencio e iniciar la búsqueda de diversas salidas del cuarto del confinamiento. El legado de Consuelo le permite a Eva decir: "una palabra mía y ichas!, se transforma la realidad."(28), la lengua se le ha vuelto una vara mágica para desconocer y sobrepasar dentro de sus historias, cualquier tipo de restricción o sistema arbitrariamente establecido.

La voz del discurso se propone, por lo tanto, como un producto poderoso de la herencia de la madre. Si hay una figura que se esfuerza y desdibuja empeñosamente es la del padre. A la fuerza de ascendencia paterna, prolijamente se le niega todas las instancias, y no caben en la hechura de las historias mismas. El padre de Eva no tiene nombre, y si ella lleva el apellido Luna, es por la tribu de la cual donde él provenía, aunque Consuelo es quien cuenta esta anécdota y ella no es una narradora confiable, especialmente dentro de su cuarto. Además la historia del padre indio y Consuelo es una versión transformada de aquella ocurrida en el Jardín del

Edén. Es el hombre de la pareja quien cae por la serpiente, teniendo que abandonar su jardín para siempre. Para salvarlo, "(p)or primera vez en su silenciosa existencia, Consuelo desobedeció una orden y tomó una iniciativa."(21) Nunca, ni antes ni después de aquel encuentro con la serpiente él disfruta de la palabra, el padre mutismo que le impone el discurso de Eva, lo relega al anonimato.

La misma Consuelo se inventó que era hija de un marino holandés para explicarse su gusto por el mar. Los padres que Consuelo conoció fueron los misioneros en la selva, que le niegan la paternidad al enviarla a la ciudad con las monjas. Los otros hombres de posible figura paternal que rodean a Eva durante su infancia y juventud, de una u otra manera se desdibujan en esta dimensión: El Dr. Jones no se da cuenta de la existencia de Eva hasta cuando se encuentra al borde de la muerte, y se pregunta "¿De dónde salió esta criatura?...¿Será mi hija, mi nieta o una alucinación de mi cerebro enfermo?" (51) Sin embargo, Eva lo cuida como una madre que cambia los pañales a su bebé, lo protege del ruido de la casa y le inventa ilusiones y familia. El Doctor Jones la nombra su heredera universal, pero apenas él muere el ministro la deshereda sin la más mínima consideración. "El hombre de la nariz de fresa" es otra versión del viejo-niño que ella lava y empolva como a un bebé. "yo lo secaba, lo empolvaba y le ponía la ropa interior, como a un recién nacido." (68)

Riad Halabí es lo más cercano a un padre que conoce Eva, sin embargo es él quien se convierte en su primer gran amor, y lo desobedece prolijamente al rebelarse contra sus consejos, en el viaje hacia la gran cuidad que la aleja de él. Cuando vuelve a Agua Santa, años más tarde, superada su pasión por Riad, mirándolo como el padre que pudo haber sido, el hombre abstraído en sus papeles, no la mira y en consecuencia no la reconoce como hija. A la vez Eva misma se niega como hija de ese hombre cuando rechaza la dote de las joyas de Zulema que recupera en ese momento. Al legarle ese pequeño tesoro a Mimí, Eva se inviste nuevamente de la función de madre. Algo semejante a lo que ocurre con la protección de "el turco", sucede en su relación con Huberto Naranjo.

En dos ocasiones él la salva del hambre y termina siendo su amante. Toda la armazón de la sociedad fuertemente patriarcal,

reflejada en dictadores, "benefactores", jefes de policía, tortu-
radores y militares, se ve burlada en una escena:

> subí, paso a paso a este cuarto lujoso impregnado de olor a establo, me
> incliné por detrás del asiento y retiré la bacinilla. De la manera más tran-
> quila, como si fuera un gesto de todos los días, levanté el recipiente y lo di
> vuelta sobre el ministro de Estado, **desprendiéndome de la humillación** con
> un solo movimiento de la muñeca. (105, énfasis mío)

La reverencia se revierte en un gesto abyecto, que reafirma un discurso que cuestiona las jerarquías, de las que se enajena refugiado
en el tono ingenuo-infantil desde el que se narra. Aunque la
"humillación" que subyace tras el servicio de la narradora, destaca
el peso de las jerarquías, y el reconocimiento de la autoridad del
otro; con un simple movimiento se desprende, se deshace, lo can-
cela, le niega cabida en su "lenguaje" a todo un orden estricto y
patriarcal. Eva, nacida de mujer, se "desprende" de las humillaciones provenientes de otros mitos descastadores, en una posible
reescritura del mito de la creación. Estos planteos sobre la
creación misma de la ficción, aludidos/eludidos, presentados/
oscurecidos, exaltados/disipados, surgen contradictorios y subversivos del legado materno.

Finales

"Una tentación peligrosa"

> (y aún así todo estará gobernado por la virtualidad
> del espejo)

¿Cuál puede ser en el hacerse de la ficción la importancia de esa
voz que se regocija y crece de lazos madre-hija, desdibujando el
tono y las vibraciones de una voz paternal? Negarle un espacio a
ese bagaje, crea en el mismo proceso la necesidad de rellenar el
vacío. Dice Josephine Donovan

> we tend to "fill the void" with an endless stream of fabrications, imagining,
> myths, etc., which give us a feeling of significance. Sexist mythology promotes
> males feeling of significance. These fantasies are stories which magically
> redeem one from the contingent by denying its reality; they are false, or inau-
> thentic, attempts at transcendence. (54)

De algún modo la respuesta hay que buscarla en la concepción del
mundo de la ficción que el texto mismo propone. Como en otras

novelas de Isabel Allende, ésta se construye casi en su totalidad, con una sólida atadura a convenciones de verosimilitud (**reality effect**). Todos los términos se ajustan a un marco histórico[8] y social creíbles. La armadura cronológica de las vidas que paralelamente se narran, no dejan resquicios para deslindes experimentales. Este textual ejercicio imitando sucesos y sucederes se acerca a los grados de maleabilidad de la "materia universal" o porcelana fría.

> La porcelana fría es una tentación peligrosa, pues una vez dominados sus secretos nada impide al artesano copiar todo lo imaginable hasta **construir un mundo de mentira y perderse en él**. (101, énfasis mío)

La materia universal, que aparece con la inocencia de un pan antes de hornearse, esconde la tentación peligrosa de querer apropiarse del mundo al copiarlo, reproducirlo en una versión exacta pero estática y ofensiva en su arrogancia de igualdad. La porcelana fría como la palabra se ofrece como modos de repetir, de re-hacer la realidad. Cuando Eva-narradora descubre el poder que encierra el manejo de la palabra, inmediatamente recuerda el prodigio imitativo de la materia universal, y defiende el producto de la escritura de sus semejanzas con aquella:

> Me consolaba la idea de que yo podía **tomar esa gelatina y moldearla para crear lo que deseara**, no una parodia de la realidad, como los mosqueteros y las esfinges de mi antigua patrona yugoslava (hechos de Materia Universal), sino **un mundo propio, poblado de personajes vivos, donde yo imponía las normas y las cambiaba a mi antojo**. **De mí dependía la existencia de todo lo que nacía, moría o acontecía** en las arenas inmóviles donde germinaban mis cuentos. Podía colocar en ellas lo que quisiera, **bastaba pronunciar la palabra justa para darle vida**. A veces sentía que ese **universo fabricado con el poder de la imaginación** era de contornos más firmes y durables que la región confusa donde deambulaban los seres de carne y hueso que me rodeaban. (173-4, énfasis mío)

Es obvio el vocabulario de confirmación del acto de escribir como la recreación de mundos. La palabra que hereda Eva se propone exagerar, distorsionar, ordenar, mejorar, subvertir la realidad, volviéndose un objeto utilitario cuando cuenta sus historias a cambio de otros tantos beneficios. La palabra en sus labios, en sus manos, parece perder la "peligrosidad" que involucra la materia universal porque no es sólo parodia de la realidad, sino dadora de vida, capaz de poner en movimiento lo que la porcelana fría deja inmóvil.

El moldear la materia universal y el armar el cuento que le narra Eva a Rolf, coinciden en la víspera del rescate de los prisioneros. Este cuento no es uno de tantos, es el primero que le pide Rolf para espantar los fantasmas de un fracaso posible del futuro más inmediato. Así se aleja de todo el bagaje aprendido en telenovelas, radio, libros prohibidos venidos de Francia, o experiencias vividas por algunos de ellos. La diferencia radica en que se cuestiona oblicuamente lo que es contar, la responsabilidad del emisor del discurso, la invocación de un interlocutor primordial. En este cuento (258) un soldado busca a una contadora de cuentos, para que le invente un pasado, porque todo lo vivido ha sido borrado de su memoria en la batalla. Ella en horas de invención le crea un mundo pasado posible que le devuelve las ganas de vivir, pero para su sorpresa descubre que en esas palabras se ha dado ella misma, y en ese momento no es nada más que una parte inseparable de la historia de él.

> Suspiró, cerró los ojos y al sentir su espíritu vacío como el de un recién nacido, **comprendió que en el afán de complacerlo le había entregado su propia memoria,** ya no sabía qué era suyo y cuánto ahora pertenecía a él, sus pasados habían quedado anudados en una sola trenza. **Había entrado hasta el fondo en su propio cuento** y ya no podía recoger sus palabras, pero tampoco quiso hacerlo y **se abandonó al placer de fundirse con él en la misma historia** (258, énfasis mío)

La situación que presenta el cuento es un adelanto de lo que ocurre con la escritora de la telenovela *Bolero*. La narradora entrega su vida y la de aquellos que de algún modo estuvieron cerca de ella, arriesgándose a entrar en el "mundo de mentira" de la telenovela y dejarse perder en él. "Creí que esa página me esperaba desde hacía veintitantos años, que yo había vivido sólo para ese instante." (230) El material de la escritura es su propia historia, y no puede adecuarlo a las reglas de un libreto que recoja todas las instancias del multifacético material que va a moldear:

> Sobre la mesa crecía un cerro de páginas salpicadas de anotaciones, correcciones, jeroglíficos y manchas de café,..., no sabía dónde iba ni cuál sería el desenlace, si es que había... **me atrajo la idea de ser yo también uno más de la historia y tener el poder de determinar mi fin o inventarme una vida.** (231, énfasis mío)

Toda la "realidad" de la autora del libro la absorbe la telenovela, "escribí cada día un nuevo episodio, inmersa por completo en el

mundo que creaba con el poder omnímodo de las palabras, transformada en un ser disperso, reproducidas hasta el infinito." (273)
Es el texto devorador, que la devuelve multiplicada, perfecta knosis
de vaciarse de sí y ser el mundo que omnimodamente se ha engen-
drado. Sus cuentos orales habían sido la tarjeta de presentación, el
producto que la diferenciaba y aún más: los cuentos son ella misma.
Del cuento dicho que colma su biografía, hacia la escritura de la
telenovela crece un gesto inverso del ya enunciado en la historia
del soldado sin pasado, pero de resultados semejantes que despoja
de la posesión de una memoria única a la narradora, cuestionando
emisores y receptores como posibles polos que catalizan la acción,
además de abrir interrogantes sobre el proceso paralelo de la
escritura-lectura.

El cuento sin final

> My life, from the book on, will have been a vigil
> of writing in the interval of limits. Derrida

Aunque la novela termina "con final feliz" (282) es una obra
abierta, en el sentido de que las últimas páginas nos remiten
nuevamente al comienzo de la obra. La escritura de la novela fue
un borrador de la telenovela, de ese modo la composición general
se complica al repetirse en un nuevo texto. El discurso en primera
persona, del mismo modo que se multiplicó en cuerpos y caras,
rinde su voz "autográfica" testimonial, para desdoblarse en
personajes enmarcados por la pantalla del televisor. La distancia
"novelesca" entre las dos historias principales (Eva - Rolf) que cre-
cen desde un comienzo de la obra, escasamente se justifica hasta
no "verlas" integradas en la proyección televisiva. De tal modo,
una vez que el libro se repite, su identificación consigo mismo se
encuentra con una diferencia que nos permite discretamente
escapar el "final feliz" cerrado.

> The return of the same does not alter itself -but does so absolutely- except by
> amounting to the same. Pure repetition, were it to change neither thing nor
> sign, carries with it an unlimited power of perversion and subversion.
> (Derrida, 296)

La pura repetición de lo que ya hemos leído que encierra la
telenovela es la apertura hacia una nueva lectura, de una escritura.

Reescribir los términos de las dos biografías en parámetros de televisión implica una inclinación hacia un modo subversivo capaz de trastrocar con su juego el montaje de la convención realista. "This repetition is written because what dissapears in it is the self-identity of the origin, the self-presence of so-called living speech." (Derrida, 296)

En la escritura/re-escritura de las historias, en la hechura misma de la telenovela, Eva-personaje-narradora pierde la inmediatez de la presencia, y al acatar -aunque sea de una manera retorcida y remota- las reglas de un libreto, desdibuja el gesto que refiere a un mundo "real". Si la mayoría de la novela cumple con las expectativas miméticas ajustándose a una retórica apropiada a la reverente representación de una realidad, acercándose peligrosamente a que el significado de cada signo corresponda nada más que al de su referente, esta limitación es el resquicio que se establece en la misma repetición de la historia. La voz oral de la contadora de cuentos se amarra, se fija al sentarse la narradora y enfrentarse a la página escrita. "What makes writing the opposite of speech is that the former always **appears** symbolic." (Barthes, 19)

El final que se vuelve comienzo nos remite a la voz de la madre, que se permitía la apropiación de la palabra sólo en el encierro de un cuarto. Todo el transcurso de la narración desenmascara así su trayectoria hacia la apertura de los referentes. La voz de Eva se enmarca en el cuadrado del televisor para alcanzar los confines aún sin nombre.

> Creo que nadie entendió adónde apuntaba aquella estrafalaria historia,...llena del truculencias que no resistían ningún análisis lógico y escapaban a las leyes conocidas del folletín comercial. A pesar del desconcierto producido, *Bolero* cogió vuelo y al poco logró que algunos maridos llegaran temprano a sus hogares para ver el capítulo del día. (272-3)

Mientras que las autoridades se preocupan por la dosis de información sobre las actividades guerrilleras y subversivas que se proyecta en tono ficticio, la autora del libreto siente desdibujarse los límites entre la ficción y la realidad de su entorno.

> Los personajes llegaron a ser tan reales, que aparecieron en la casa todos al mismo tiempo, sin respeto por el orden cronológico de la historia, los vivos juntos a los muertos y cada uno todas sus edades a cuestas...Todos se paseaban por las habitaciones creando con confusión en las rutinas... (273)

La confusión prolifera en sentido contrario, si primero los personajes invaden el espacio de su creadora, luego la narradora liberada, sin tener que pedir permiso para ejercer la palabra que heredó, se apropia de las coordenadas de la ficción en el sentido inverso, las deja entrar en el hacerse de su "vida".

> Y después nos amamos simplemente por un tiempo prudente, hasta que el amor se fue desgastando y se deshizo en hilachas. **O tal vez las cosas no ocurrieron así.** Tal vez tuvimos la suerte de tropezar con un amor excepcional y **yo no tuve necesidad de inventarlo...Exageré un poco, diciendo por ejemplo,** que nuestra luna de miel fue excesiva, que se alteró el ánimo de ese pueblo de ópera... (281, énfasis mío)

Fuera de la telenovela la historia de los amores de Eva con Rolf se cuestiona y arriesga sus posibilidades narrativas. No sólo ejerce el poder de la primera persona narradora, sino que reduce al personaje narrador en tercera, a un elemento más que no opone resistencia a ser "escrito". Esta estrategia da cabida en el último párrafo de la novela a las posibilidades del mundo abierto por la palabra, para señalar los entretelones de su creación. Una creación novelesca que trastrueca el mito mismo de la Creación, al privilegiar una Eva cuyo destino textual está en sus propias manos, cuando logra inscribir su "final feliz."

Todo este predicamento que rompe el orden patriarcal, sumado al optimismo del final feliz, está más emparentado con las condiciones implícitas que se manejan tras hechos de cualquier telenovela, estrategia que se convierte en una irreverente reverencia (si se permite la contradicción) a las convenciones del género. El tramado de la composición se aventura a expresar lo que se está tratando de desmantelar en una parodia sutil del discurso cuestionado. Pero tal gesto aprovecha y expande su coyuntura más allá de lo que es el montaje de la telenovela, engendrando las posibles relecturas de la otra faz de la novela. La paradoja que encerraba el nombre de Eva Luna, en sus multifacéticas sutilezas, encuentra su reflexión en la producción misma del texto de la novela. Novela y telenovela en el hacerse y contrahacerse dan mutuamente a luz un texto cuyas alusiones lo remiten a sí mismo, preocupándose el discurso de suplementarlo con la apertura a varias posibilidades que son a la par su reflexión en plenitud, su margen de pluralidad.

Notas

1 Isabel Allende, *Eva Luna* (Barcelona: Plaza y Janés, 1987). En adelante voy a señalar entre paréntesis la página correspondiente.

2 "Naming...is the labeling of the character that completes its formation." (Bal, 40). Más adelante voy a referirme con mayor extensión a este concepto.

3 No voy a comentar aquí la ya bien estudiada dicotomía Virgen María/Eva. Ver el excelente trabajo de Mieke Bal "Sexuality, Sin and Sorrow" que se refiere a Eva, el libro de Marina Warner, *Alone of All Her Sex. The Myth and the Cult of the Virgen Mary*, Lucía Guerra, "Las fronterizaciones de lo femenino: otra versión de la territorialidad," y Josephine Donovan, que en su artículo "Beyond The Net: Feminist Criticism As A Moral Criticism" la sintetiza:

spiritual	material
spirit/soul	body
virgin ideal	sex object
Mary	Eve
inspiration	seductress
good	evil

4 Dice Celia Amorós en *Hacia una crítica de la razón patriarcal*: "el problema es que las mujeres tenemos dos formas de aprobar al vencedor. Una de ellas consiste en aceptar sus definiciones de la cultura, los valores, la transcendencia y la universalidad, y exigir, sencillamente, que se nos apliquen en los mismos términos. Otra es la de impugnar sus definiciones y afirmar nuestra propia diferencia como valor, consagrar como valores todo aquello que nos relaciona particularmente con la naturaleza y la vida, la inmediatez, la inmanencia..., lo cual no es sino otro modo de aceptar las definiciones patriarcales." (137)

5 "El silencio es así parte de una profunda espiral de la hermeticidad que tiene como territorios concretos el espacio de la casa, el cuerpo femenino y el ámbito intangible del entendimiento o capacidad intelectual." (Guerra, 67)

6 Ver el interesante estudio de Felicidad Orquín. "Literatura infantil e ideología patriarcal o supremacía del reino del padre" en *Nuevas perspectivas sobre la mujer* (Madrid: Universidad Autónoma de Madrid, 1982).

7 En la última parte de este trabajo completo el estudio de la relación entre el uso de la primera y tercera persona en las historias.

8 Ver José Otero, "La historia como ficción en *Eva Luna* de Isabel Allende" en *Confluencia* (1989) Vol. 4, No. 1.

Obras citadas

Allende, Isabel. *Eva Luna*. Barcelona: Plaza y Janés, 1987

Bal, Mieke. "Sexuality, Sin and Sorrow: The Emergence of the Female Character (A Reading of *Genesis* 1-3)" en *Poetic Today* 6.1-2 (1985): 21-42.

Barthes, Roland. *Writing Degree Zero*. Traducida por Annette Lavers y Colin Smith. Boston: Beacon Press: 1970.

Briffault, Robert. *The Mothers. A Study of the Origin of Sentiments and Institutions*. London and New York, 1969.

Derrida, Jacques. *Writing and Difference*. Translated and Introduction and Additional Notes by Alan Bass. Chicago: U of Chicago P, 1978.

Donovan, Josephine. "Beyond The Net: Feminist Criticism as a Moral Criticism" en *Denver Quarterly* 17.4 (1983): 40-57.

Guerra, Lucía. "Las fronterizaciones de lo femenino: otra versión de la territorialidad" en *Alba de América* 6.10-11 (Julio 1988): 59-72.

Kristeva, Julia. "La herética del amor," *Escandalar* 6.1-2 (enero-junio 1983).

Orquin, Felicidad. "Literatura infantil e ideología patriarcal o supremacía del reino del padre" en *Nuevas perspectivas sobre la mujer*. Madrid: Universidad Autónoma de Madrid, 1982, 209-214.

Otero, José. "La historia como ficción en *Eva Luna* de Isabel Allende" en *Confluencia* 4.1 (Fall 1988).

Warner, Marina. *Alone of All Her Sex. The Myth and the Cult of the Virgin Mary*. New York: Vintage Books, 1976.

Allende's *Eva Luna* and the Picaresque Tradition

Pilar V. Rotella
Sarah Lawrence College

Isabel Allende's third novel, *Eva Luna* (1987) marks one more stage in the narrative journey that began with *The House of the Spirits* (1982) and continued with *Of Love and Shadow* (1984). Three sets of terms may be useful to summarize Allende's creative approach: magical realism, historical imagination and feminism.[1] These terms simultaneously indicate a way of looking at the world and a characteristic manner of writing. In *Eva Luna* (*EL*), as in *The House of the Spirits* (*HS*) and *Of Love and Shadow* (*LS*), Allende's feminist vision privileges the woman's point of view within a male dominated society while proposing the desirability of achieving an integrated self, above and beyond sexual differences and social conditioning. (Hence the prevalence of androgynous traits in many of Allende's characters.) Eva Luna tells us about her perils and adventures, her lovers and friends, about her growing up and living through the historical vicissitudes of an unidentified, but easily identifiable, country. At first, Eva's connections with the historical context are rather tenuous; later on, as she matures in years and knowledge, she consciously enters the historical mainstream in her role as active supporter of anti-government guerrillas. At the same time, and throughout Eva's life-story, intangible, unexplainable and unquestioned occurrences coexist with the hard facts of every experience. The spirits which populated Allende's first novel and crossed through her second, reappear in her third, and the magic dimension of reality is preserved.[2] Even the main character's name is a throw-back to earlier novels. To the luminous list of Nivea, Clara, Rosa, Blanca, Alba (*HS*) and Irene (*LS*) is now added Eva Luna, the power of life itself (Eva) coupled with the radiance of essential and mysterious femininity symbolized by the moon.[3]

Yet, in spite of those similarities and obvious sense of continuity from one novel to the next, *El* is very different from *HS* and *LS*. The main key to this difference is to be found in the narrative strategy adopted here by Allende.[4] As the first person, autobiographical story begins to unfold, it displays a pattern which suggests a definite repertory of interpretative possibilities for the "competent reader" (defined by Goodrich as "one who is equipped with the competence that allows him to deal interpretatively with the instructions encoded in the text" (5)). The text itself "can best be conceived as interaction rooted in the process of exchanging meaning" (Goodrich 8). The activity of reading is never innocent but conditioned by pre-textual, extra-textual and inter-textual referents, and the reader/decoder move toward discovering the relationship that each particular text (implicitly) claims between "inherited meaning" and its own semantic configuration (Goodrich 72). Texts do not stand alone but in the company of their equals, or as Derrida puts it, "a text cannot belong to no genre, it cannot be without or less a genre" (quoted in Goodrich 58). Ultimately, literary genres function as conventions, "working hypotheses that enable us to deal with groups of texts taken in isolation" (McAdam, *Modern Latin American Narratives* 8).[5] Realization of generic allegiance "allows the reader to select, from a multiplicity of possibilities, one organizing class that works as a program of decodification" (Goodrich 57). This process orients expectations and pre-determines, up to a certain point, what will be considered relevant in the text. Although each literary text is individual and unique, "the reader-interpreter... must relate the particular work at hand to his own literary code, fit it into his range of literary possibilities" (McAdam 3). "If the reader is unaware of the text's generic signals, he will read the text improperly" (McAdam, *Textual Confrontation* 15). In the case of *EL* the reader encounters a sequence of verbal signs which seem to flash a clear generic code. *EL* declares itself as a picaresque novel, inserted in the centuries-old tradition of picaresque fiction and, moreover, with a woman — a pícara — as its protagonist. Inevitable linkages come to mind, particularly with female rogues such as the Pícara Justina, the Runagate Courage and Moll Flanders. The reader of *EL*, alerted to the implication of its picaresque lineage, take her clues from the textual with a selective attention to "what matters" according to the rules of the picaresque game. From this perspective, *EL* becomes essentially an intersexual code to be deciphered, not in search of sources or influences but to ascertain its degree of adherence to a basic pattern and its "multidirectional contacts" (Goodrich 67) with pertinent pre-texts (whether or not such contacts were intended by the author).

Picaresque fiction today is generally viewed as a **mode**, i.e., an ideal fictional type (in Robert Scholes' terminology), while the term **genre** is reversed for the study of individual works. This modal-generic awareness helps reconcile the divergent uses of the term "picaresque"; the concept of a primary mode called "picaresque" can account for both a historically definable genre and a broader tradition that may depart from the strict attributes of that genre. The essential picaresque situation—the fictional work posited by the picaresque most—is that of an unheroic protagonist caught up in a chaotic world, enduring a series of adventures and encounters that make him both a victim of that world and its exploiter. A genre type of the picaresque mode presents the following characteristics: dominance of the picaresque fictional mode, episodic structure, first person points of view, a vast gallery of human types, implied period of other fictional form, and the recurrence of certain themes and motifs.[6] Picaresque narratives remain open-ended and often laced with interpolated tales whose relevance to the main body of the text varies from minimal to substantial. Most significantly, picaresque narratives center around the protagonist as pícaro, a pragmatic, resourceful, protean figure who "incorporates and transcends the wanderer, the jester, and the have-not" (Guillén 255), who from his position of "half-outsider" provides the panoramic, satirical view always associated with this kind of fiction. Above all, the pícaro is a solitary figure whose loneliness begins in childhood (through abandonment, expulsion, orphanhood) and is later compounded by the cruelty and deception of a largely corrupt, harsh world. "The instability of human relationships and the loneliness of the pícaro are pointedly brought home in the repeated dissolution of picaresque societies" (Miller 8), the pícaro's own, brief substitutes for the society at large which continuously rejects and alienates him. For his part, the pícaro's revenge (and his **modus vivendi**) consists in out-maneuvering, outsmarting and disrupting the established order to this own profit and advantage.

When the pícaro is a pícara, though her sex does not significantly alter the conventions of the genre, it does confer a special angle to the picaresque vision. Pícaras are not by definition prostitutes but they resort, whenever convenient, to the tricks of the trade, thus adding sexual promiscuity to the picaresque vices. However, it should be emphasized that "although sexuality is the antiheroine's magic weapon, her schemes depend on wit as well" (Friedman xi). It has been noted that early picaresque novels with female protagonists (particularly in 17th century Spain) lack the satirical impact and moral thrust of those with male protagonists and that the pícaras themselves fail to display the fullness of characterization observable in their male counterparts (Justina can hardly compare to Guzmán; or Elena, Celestina's daughter, to Pablos). "The female voices could be the mirror to the psyche but the male authors do not choose this option. The interior self is not a part of the story, as in male archetypes" (Friedman xii).

Dunn contends that using female characters could have been a great innovation, but that authors were limited "by the realities of social life" at the time (132). "Pícaras, as opposed to mere whores, were in fact implausible in a society which placed such heavy constraints on the social mobility of the common woman" (Rodríguez-Luis 40). As society changes, so do texts change. From the 18th century on, it becomes increasingly possible to draw a believable portrayal of female initiative and ambition and to develop true, full-fledged pícaras (Friedman calls *Moll Flanders* and *Tristana* "transitional texts" [xv]). With the arrival of the 20th century "(t)he search for a female voice (in woman-centered fiction) mirrors the search for a positive identity" (Friedman xvi) and "the discourse fashions an alliance of the individual and her creator against a male-dominated society" (xvii):

> The crucial distinction between the Spanish feminine picaresque and the contemporary transformations is the implied authorial attitude toward society. The male-oriented social structure ceases to be the symbol of justice, so that the female rebel—underprivileged and victimized—comes to stand for individual, minority and women's rights. (Friedman 227)[7]

This modern approach to the pícara as character and narrative center is almost automatically enhanced when the author herself happens to be female, and (more or less explicitly) states her own and her character's predicament in today's world. It could be argued that woman-centered picaresque fiction provides an ideal outlet for feminist views and for the feminists' claim to equal rights, in life and literature.

EL closely follows the guidelines for the picaresque genre outlined above (even to the point, stated by Guillén, that "every roguish novel worth its salt 'could' have a single name title" (267)). The story of Eva's life, told many years later, begins with an account of her parents' background and her own early years. Illegitimate daughter of an Indian father, who promptly vanishes, and a white woman, who soon dies, Eva grows up an orphan but strongly influenced by the memory of her mother, quiet and self-effacing yet endowed with a prodigious imagination:

> Mi madre era una persona silenciosa...; sin embargo, en la intimidad de la habitación que compartíamos se transformaba. Comenzaba a hablar del pasado o a narrar sus cuentos y el cuarto se llenaba de luz... Ella sembró en mi cabeza la idea de que la realidad no es sólo como se percibe en la superficie, sino también tiene una dimensión mágica...(25-26)[8]

Eva Luna traces her experiences with various masters and employments (for a possible total of six different episodes) which encompass the main stages of her growth and development. Like other traditional picaresque characters, Eva moves "horizontally through space and vertically through society" (Guillén 255), thus affording the reader a sweeping and often critical view of many aspects of her (Chilean) society with particular emphasis on its political vagaries. It is indeed a chaotic, topsy-turvy world she portrays, a world in which the whores and thieves who populate the red-light district are more honest and better organized than the police force (as shown by the almost successful Revuelta de las Putas which temporarily shakes up a corrupt dictatorship (124) and in which social outcasts (such as Mimí, a gloriously beautiful and unusually generous trans-sexual) behave more decently than highly placed government officials. Most people treat Eva selfishly and cruelly: the old maid who exploits her labor, the **ministro** who employs her for the sole purpose of taking away the **bacinilla** he uses to relieve himself, the townspeople of Agua Santa who at first befriend her and later drive her away with their malicious gossip. In a few cases and in the most unexpected circumstances, however, basic decency prevails, as seen in the characters of the servant Elvira, la Señora (in spite of her status as ex-prostitute and her celestinesque occupation), the trans-sexual Melecio/Mimí, the Turk Riad Halabí (Eva's protector and teacher) and even Huberto Naranjo who, though a sort of pícaro—especially in his youth—takes care of Eva and attempts to provide for her. The overall, implied message of Eva's story, as of all picaresque stories, is a lesson on human error, vice and corruption, punctuated by rare examples of good will and tenderness.

Structurally too *EL* fits within the genre. Episodic and open-ended, it contains many secondary accounts of people's lives which can be read as modified, up-dated renditions of the traditional interpolated tale. In fact, a potential obstacle to this text's picaresque filiation-namely, that two entire chapters and part of two others are exclusively devoted to telling someone else's story (Rolf Carlé's)—may be overcome by seeing these chapters as the longest interpolated tale which, moreover, eventually merges with the main narrative when Eva Luna and Rolf Carlé finally become lovers.[9] Like her predecessors, Eva has sexual relations (though not for mercenary purposes) with a variety of men; unlike what happened to other pícaras, Eva's love affairs are presented as a sign of personal affirmation rather than of sinful behavior. It is Eva who, forced to leave the small town where she has been happy and the good man (Riad Halabí) who has protected her, decides to give herself to him. In turn, he teaches her the pleasures of love:

> Riad Halabí era sabio y tierno y esa noche me dió tanto placer, que habían de pasar muchos años y varios hombres por mi vida antes que volviera a sentirme tan plena...Recibí agradecida el espléndido regalo de mi propia sensualidad, conocí mi cuerpo, supe que había nacido para ese goce.... (185)

From then on, Eva Luna makes her own choices: "...tomaba la iniciativa, intentando recrear en cada abrazo la dicha compartida con Riad Halabí, pero eso no daba buen resultado. Varios escaparon, tal vez un poco asustados de mi atrevimiento..." (197). When she meets her childhood sweetheart, Huberto Naranjo (once a street urchin, now a reputed guerilla leader), Eva falls in love again "en treinta segundos" and they begin a secret, passionate but difficult relationship, difficult not only because of Huberto's dangerous underground activities, but because of his conservative, stereotypical views of sexual roles and behavior. Eva Luna understands him well:

> Recordé la tarde lejana cuando nos conocimos, dos niños perdidos en una plaza. Ya entonces él se consideraba un macho bien plantado...y sostenía que yo estaba en desventaja por haber nacido mujer y debía aceptar diversas tutelas y limitaciones. A sus ojos yo siempre sería una criatura dependiente. Huberto pensaba así desde que tuvo uso de razón, era improbable que la revolución cambiara esos sentimientos. Comprendí que nuestros problemas no tenían relación con las visicitudes de la guerrilla; aunque él lograra sacar adelante su sueño, la igualdad no alcanzaría para mí. Para Naranjo y otros como él, el pueblo parecía compuesto sólo de hombres; nosotras debíamos de contribuir a la lucha, pero estábamos excluídas de las decisiones y del poder. (214)

Eva's awareness of her own sexuality, of men's often shocked reaction to her unconventional approach to love-making., of woman's subordinate role (her second class status) in the social structure, which is **not** likely to change even if the structure itself is affected by revolutionary movements, all of this attests to Allende's effort to create a female voice which, as different from the past, bespeaks the "interior self" and projects a newly-raised consciousness within the male-dominated establishment.   In other aspects of her personality, however, Eva Luna is portrayed as surprisingly passive and dependent.   She rarely displays the main traits that define genuine picaresque nature for both men and women: toughness of body and soul, resourcefulness, the overriding instinct for survival that defies all odds and tramples upon moral principles. At crucial junctures in her life, when disaster threatens and hunger—the ultimate picaresque motif—seems imminent, a rescuer appears (usually a man) to help Eva reach a more or less safe harbor and preempt any need, on Eva's part, to act in an improper or unethical manner.

On the other hand, if Eva Luna is not skilled enough or willing enough to play tricks, rely on deceit, steal and lie her way through life like a true pícara, she possesses in the highest degree the single most characteristic picaresque quality as displayed from Lazarillo de Tormes to Huckleberry Finn: inventiveness.   In her case, it takes the form of an early, almost precocious ability to tell tales, ability which she uses to get out of difficult situations, to repay favors or to ingratiate herself to others. Eva's gift for story-telling stems from her mother's imagination, from her Madrina's tales, from interminable hours of listening to radio programs (songs, commercials, English lessons, **folletines**: "la radio era mi fuente de inspiración" (69), from the **novelas románticas** given her by Riad Halabí, and, above all, from reading *Las mil y una noches*:

> el erotismo y la fantasía entraron en mi vida con la fuerza de un tifón...No sé cuántas veces leí cada cuento. Cuando los supe todos de memoria, empecé a pasar personajes de una historia a otra, a cambiar anécdotas, quitar y agregar, un juego de infinitas posibilidades. (141)

Avid reading ("yo devoraba los libros que caían en mis manos" (173)) leads to feverish writing and Eva Luna begins to record her thoughts and feelings in a notebook, to create "un mundo propio, poblado de personajes vivos, donde yo imponía las normas y las cambiaba a mi antojo...Podía colocar en mis cuentos lo que quisiera, bastaba pronunciar la palabra justa para darle vida" (173). Eva's stories eventually give her fame and fortune on national television. We discover at the end that Eva's highly successful **telenovela** "Bolero" is, in fact Eva's life-story as we have been reading it, that she — in her own words — has been trying to live her life as she would want it to be, "como una novela" (278) and, in turn, that the novel she has written for television coincides with the "novel" of her life as lived/invented. The last pages of the written text suggest the total precariousness of Eva's narrative as she concludes that quite possibly "las cosas no ocurrieron así" (281) and that there may be at least two different endings for her own life-story and, consequently, for her **telenovela**.[10]

The final sections of *Eva Luna*, with Eva's rather improbable participation in a quixotic attack to liberate some political prisoners, her idealized description of guerrilla fighters Indian helpers, and her amorous encounter with Rolf Carlé, read more like the stuff of romance than of picaresque fiction and may prompt the "competent reader" to reexamine her initial assumptions, to question whether in fact she may have misunderstood the generic code sent by this text and, ultimately, deciphered it the wrong way. Traditionally, romance and picaresque are considered anti-types and situated at opposite ends of the modal-generic scale. After all, the essential romance situation—the fictional world posited by the romance mode—is that of a heroic protagonist on a quest, facing, many challenges and achieving moral victories which reinforce the beauty and harmony of the cosmos (as different from the picaresque's inherent chaos). Eva Luna's and her friends' efforts to create a better world by destroying at least one bastion of political oppression and, especially, her own surrender to—supposedly— extra-ordinary love and lasting happiness, lead toward the idealized vision of romance. Thus, the text's last pages contradict, to some extent, everything that went on before. However, as Ulrich Wicks has pointed out, romance is the mode that picaresque most often tends to mix with.[11]

The chaos and fragmentation of the picaresque world-vision imply an alternative, so that "every explicit picaresque contains within it an implicit romance" (Wicks, "Romance" 44), (its own corrective counter-image, so to speak). The pícaro's urge to tell his life-story reflects a desire "to impose aesthetic and moral order on the chaotic past which is now remembered as structure" (Wicks, "Romance" 38); the tension between the lure of picaresque disorder and the yearning for order is a recurrent characteristic of picaresque fiction and determines the uneasy but frequent alliance between the two opposite worlds of picaresque and romance in what Wicks has aptly called "the romance of the picaresque." Thus, the mixed nature of *EL* reinforces rather than weakens its ties with the picaresque genre while, at the same time, it demands the reader's constant attention to correct assumptions, adjust perception and reshape typological moves whenever necessary (Goodrich 58). The result is a reading of *EL* (by no means **the** only possible reading) which rescues the text from isolation, locates it within the confines of a well-established genre and defines it as part of a long and rich tradition with its roots in 16th century Spain, still growing and flourishing well into the 20th century.

Notes

1 I have discussed Allende's use of magical realism, historical imagination (as defined by George Elliot) and feminism in an unpublished paper, "De los espíritus a las sombras: continuidad y evolución en la obra narrativa de Isabel Allende," presented at the Twenty-Ninth Annual Meeting of the Midwest Modern Language Association, Nov. 1987, Columbus, Ohio.

2 Eva's mother, long dead, regularly shows up to keep her company in times of trouble; a phantasmagoric Palace of the Poor materializes and then vanishes for no apparent reason; on one occasion, the evening sky is so transparently clear that angels can be seen floating in the air; the "smell of desire" is so strong at one point that it becomes visible, like a burning fire; fictional characters, in the process of being developed by Eva herself, take human shape and disrupt the household routine.

3 "Me llamo Eva, que quiere decir vida, según un libro que mi madre consultó para escoger mi nombre" (EL 7). Eva's last name (also chosen by her mother) is a reminder of her Indian father: "Su padre pertenecía a la tribu de los hijos de la luna. Que sea Eva Luna, entonces" (24).

4 For the discussion that follows I am indebted to Diana Sorensen Goodrich, *The Reader and the Text: Interpretative Strategies for Latin American Literature* and Helen Reed, *The Reader in the Picaresque Novel*.

5 According to McAdam "each genre constitutes not only an independent literary form but a conflictive relationship between genres" (*Textual Confrontations*, 6), an "ars combinatoria where authors infinitely recombine...already extant forms" (7). Goodrich makes the same point when she emphasizes that there is always room for "innovation, modification, and combination that have resulted in the growth of subgenres and new genres" (and the concomitant "risk at the point of decodification" (59),. Yet, class identification is always present in spite of the "mixed" nature of genres (Goodrich 61).

6 These remarks are largely based on Ulrich Wicks' essay "The Nature of Picaresque Narrative: A Modal Approach." *PMLA* 89.2 (March 1974): 240-49.

7 Both Dunn and Rodríguez-Luis stress the impact of sociological factors — the prevailing conditions at the time — on the shaping of early female-centered picaresque fiction and on its evolution. For Dunn, the inability of Spanish picaresque writers to treat women characters seriously turns potential, full-fledged pícaras into mere swindlers and picaresque novels away from moral

significance into pure entertainment. He and Rodríguez-Luis agree that this marks the beginning of the picaresque genre's decline. Friedman says:

> Male authors bring women into the domain of the picaresque without giving them freedom of speech and without liberating them from the constraints of their social inferiority ... the **pícaras** face despair, unhappy marriages, and even death for their tricks and for their rebellion. The texts that portray their lives marginate them from discourse. (71)

This portrayal of woman has extra-literary relevance since, as Magnarelli put it, "throughout history, it is our image of the texts, our reading of the female, which has had far greater impact than the texts themselves or any being in the world" (187).

8   All quotes are from *Eva Luna* (Barcelona: Plaza & Janés, 1987).

9   Some of the interpolated tales have to do with the lives and times of Melecio/ Mimí, la Señora, Huberto Naranjo and Riad Halabí, among others, all significant in their relationship to Eva Luna, Rolf Carlé's life-story calls attention to itself both by its setting (it begins in an European country—Austria— during the period preceding World War II) and its content (young Carlé's successful removal, both physically and emotionally, from the oppressive circumstances of his childhood in the Old World to pursue an eventually brilliant career as photographer and film maker in the New World). Though there are interesting similarities between Rolf's and Eva's lives and though they come together at the end as lovers, the connection between their stories is rather inconsistently and ambiguously presented throughout the text. It deserves a more careful analysis than is possible in this paper.

10   The two suggested possibilities are: (1) That Eva and Rolf loved each other passionately "por un tiempo prudente, hasta que el amor se fue desgastando y se deshizo en hilachas" (281); (2) That they loved each other forever "con un amor excepcional" (281). The inconclusiveness of the ending underscores the text's picaresque structure.

11   See Note 5 above.

Works Cited

Allende, Isabel, *Eva Luna*. Barcelona: Plaza & Janés, 1987.

Dunn, Peter. *The Spanish Picaresque Novel*. Boston: Twayne Publishers, 1979.

Friedman, Edward H. *The Antiheroine's Voice: Narrative Discourse and Transformations of the Picaresque*. Columbia: U of Missouri P, 1987.

Goodrich, Diana Sorensen. *The Reader and the Text: Interpretative Strategies for Latin American Literatures*. Philadelphia: John Benjamin Publishing Company, 1986.

Guillén, Claudio. "Toward a Definition of the Picaresque." *Proceedings of the Third Congress of the International Comparative Literature Association*. The Hague, 1962.

Magnarelli, Sharon. *The Lost Rib: Female Characters in the Spanish American Novel*. London: Associated U P, 1985.

McAdam, Alfred. *Modern Latin American Narratives: The Dreams of Reason*. Chicago: U of Chicago P, 1977.

_____. *Textual Confrontations: Comparative Reading in Latin American Literature*. Chicago: U of Chicago P, 1987.

Miller, Stuart. *The Picaresque Novel*. Cleveland: Case Reserve U, 1967.

Reed, Helen. *The Reader in the Picaresque Novel*. London: Tamesis Books Limited, 1984.

Rodríguez-Luis, Julio. *"Pícaras:* The Modal Approach to the Picaresque." *Comparative Literature* 31 (Winter 1979): 32-46.

Wicks, Ulrich. "The Nature of Picaresque Narrative: A Modal Approach." *PMLA* 89:2 (March 1974): 240-49.

_____. "The Romance of the Picaresque." *Genre* 11:1 (1978): 29-44.

Dimensión paródica de *Eva Luna*

Marcelo Coddou
Drew University

En una obra de tan marcada proclividad referencial como es la de Isabel Allende —en otra parte hemos podido demostrar que ella nunca rompe el contrato mimético— [1] cualquier determinante estructural, morfológico, necesariamente remite a dos instancias: la estrictamente literaria (en cuya consideración cabría hablar de modos de intertextualidad analizables según las normas establecidas ya al respecto, con la Kristeva como guía ineludible), y otra que apunta directamente al referente extra-textual. Esto es observable en la totalidad de los recursos de ficcionalización a los que echa mano la novelista. Nos limitaremos aquí al estudio de uno de ellos, quizás el más notable en su última novela: el de la parodia.

Tesis muy difundida y sin duda válida es la de que a la literatura femenina le cabe la opción de transgredir la lógica falocéntrica predominante por medio de su sobrepujamiento. Al reiterarla, va más allá de ella. Frente a la presión impuesta por las normas del discurso masculino —que no deja margen a otro discurso— no quedan sino formas de imitación. Pero ellas se cumplen —o, mejor, **pueden cumplirse** en quien esté consciente de su lenguaje— acorde a un proyecto subversivo y libertario, que no se reduzca a la duplicación de lo establecido ni a la mera teatralización del mimetismo básico de cualquier discurso que pretenda un mínimo de inteligibilidad en el ámbito de su desenvolvimiento.

En *Eva Luna* hay instancias en que la parodia atenta contra formas de lenguaje establecidas fuera del texto, por ejemplo el de los militares golpistas, el de los grandes terratenientes o el de los curas que son sus aliados. Al ser éstos definitivamente familiares al lector curioso: —conocidos precisamente, en gran parte, gracias a la literatura— [2], no se necesita recurrir a su sobreacentuación. En cambio se pretende parodiar lenguajes artísticos particulares — y no lenguajes sociales como los mencionados —, la novela agudiza su potencial mimético y lleva hasta el límite mismo sus riesgos de ofrecerse como continuadora. Y estoy pensando no sólo en los lenguajes paródicos que ofrece una tradición genérica establecida como la de la novela picaresca o las telenovelas, sino también en la tradición paródica más culta de grandes personalidades autoriales como Neruda o García Márquez.

Y es precisamente por este carácter de parodia reiterada —en modalidades múltiples, algunas de las cuales aquí procuramos descubrir— que *Eva Luna* exige ser pensada como muestra de este tipo de novela que la crítica denomina "autoconsciente". En forma sistemática afirma su condición de **artificio literario** y, al hacerlo, problematiza las relaciones que, como tal, guarda con la realidad extratextual[3]. En ella conscientemente se duplica la imaginación creativa de la autora que construye un heterocosmos ficticio — sobre cuya índole se reiteran las referencias—, un mundo, entonces, intramotivado y de perfecta coherencia interna, que obedece a su propia legalidad estructural[4].

En el texto de *Eva Luna* llega un momento en que el lector se informa de que Eva Luna —personaje—, se encuentra **fuera** de la ficción, como autora del relato que se lee y **dentro** de ella, como protagonista. Desde la "exterioridad" a su texto nos proporciona una serie de metacomentarios[5]. En un sentido estricto Eva-escritora pertenece a un nivel ontológico diverso a Eva-personaje: éste existe gracias a la ausencia de su referente, a la substitución de la realidad por un signo lingüístico. Y Eva reconoce la distancia que media entre los seres "reales" y los "imaginarios", por lo cual puede decir, a manera de "metacomentario" suyo:

> ...yo podía tomar esa gelatina y moldearla para crear lo que deseara, no una parodia de la realidad, como los mosqueteros y las esfinges de mi antigua patrona yugoslava, sino un mundo propio, poblado de personajes vivos, donde yo imponía las normas y las cambiaba a mi antojo. De mí dependía la existencia de todo lo que nacía, moría o acontecía en las arenas inmóviles donde germinaban mis cuentos. Podía colocar en ellas lo que quisiera, bastaba pronunciar la palabra justa para darles vida. A veces sentía que ese universo fabricado con el poder de la imaginación era de contornos más firmes y durables que la región confusa donde deambulaban los seres de carne y hueso que me rodeaban[6] (173-174).

Esto es, que los personajes existen primero tan sólo en la imaginación de su creadora y luego dentro de los límites del texto que la tiene como heroína. De este modo *Eva Luna* tematiza la diégesis del objeto literario y, en este **mise en abyme**[7] las reflexiones al respecto de Eva configuran una autoironía, ya que no es más que otro signo presente en el texto de...Isabel Allende.

Situándonos dentro del compuesto por Eva —su telenovela de rasgos singulares, desconcertante por su misma extremosidad al llevar los constituyentes del género a su formulación más total y, así, re-estructurándolo—, observamos que éste constituye una compleja muestra de diégesis narrativa, en la cual el desdoblamiento entre creador y creación es su nota más original. Eva, contadora-de-cuentos, se mira en su propia creación y se mira de un modo altamente rebuscado. Gracias a la escritura Eva alcanza un grado de conocimiento de sí que de otro modo le estaría vedado. Más todavía: en la escritura se crea a sí misma, reafirma la identidad buscada y encontrada en el proceso de escribir y escribirse. Al componer su ficción ésta la crea a ella: la auto-afirma.

Puede resultar productivo ver las muchas ocasiones en que Isabel Allende, al definir su última novela, ha apuntado, con notable propiedad, los rasgos que efectivamente mejor la identifican. Sobre todo si se tiene en cuenta que no se ha subrayado suficientemente la lucidez con que ella habla de sus propias creaciones. Frente a tanta reseña despistada, la autora frecuentemente acierta al indicarnos no sólo motivaciones —algo que por supuesto sólo ella puede conocer—, sino también rasgos que efectivamente caracterizan su obra. Y esto en aspectos muy diversos de la amplia gama que es necesario considerar en una lectura crítica.

Con relación a *Eva Luna* ha dicho —y vale documentar sus afirmaciones por lo significativas que ellas pueden ser en un análisis que, con pretensiones de exhaustividad se emprenda en el futuro—:

1) "es una novela feliz, una obra que me ha producido placer escribir";

2) "así vomiten los críticos, seguiré creando personajes que se amen tiernamente; no tengo miedo de que me acusen de cursilería (...) lo primero para mí no es hacer literatura, sino tocar el corazón de la gente";

3) "mis tres novelas han ido marcando etapas de mi vida, etapas de superación. *LCE* supuso la superación de la nostalgia; *DAS* me quitó el odio y la rabia, sentimientos negativos y también paralizantes; *EL* es un libro alegre, y un libro que yo no podría haber escrito antes de cumplir los 40 años, porque hasta los 40 yo quería ser un hombre, a la vista de que ser mujer requiere un doble esfuerzo. Eva Luna, la protagonista de la novela, es la esencia de la feminidad aceptada".[8]

En esta obra, otorgadora del **placer de la lectura** y —según vemos—del **placer de la escritura**, que narra historias llenas de ternura, en un tono reconocido como sentimental, y cuya propuesta feminista no es de una beligerancia torpe ni amarga, sino alegremente afirmativa, la parodia del género folletín es explícitamente reconocida e irónicamente enunciada. Recordemos que el primer nivel de ficción está constituido por el guión de una telenovela llamada "Bolero", en la cual aparecen, hasta respetando el mismo orden cronológico, los personajes y acciones de la novela —externamente "memorias"—, desde su mismo comienzo. Sobre ellos se apunta, en boca de su público, como una modalidad del metatexto al que nos referíamos; "(las suyas eran) truculencias que no resistían ningún análisis lógico y se escapaban a las leyes conocidas del folletín comercial". (273)

La ironía es doble: no sólo respecto al género básico utilizado sino, sobre todo, porque los hechos de la narración de la telenovela serial han sido **efectivamente vividos** por la autora del guión. Isabel Allende aquí corre el riesgo de jugar sus mejores cartas: se adelanta a cualquier reacción del lector e intenta condicionarla a su favor.[9] Para ello busca hacer aceptable el hecho de que estamos frente a un relato "autobiográfico" ficticio con pretensiones de credibilidad, "donde se mezclan —dice Montserrat Alás—, la pura mimesis (sobre todo en la ambientación histórica) y la fantasía"[10]

Hay otra dimensión importante en todo esto: el texto parodia también procedimientos muy utilizados por la literatura chilena no exclusivamente, pero sí fundamentalmente chilena—[11] del período de mayor represión y censura: introducir en el texto aceptado y difundido formas de crítica y de información procedentes de los sectores antidictatoriales, que de otro modo no habrían tenido posibilidad alguna de difusión[12]. Así, por ejemplo, la historia de la participación de Rolf y de la propia Eva Luna en el asalto al penal de Santa María, junto a Huberto, que el folletín recoge en su segunda versión, ampliada, del texto inicial, precisamente para hacer de él —aquí de la teleserie, algo análogo a lo que hiciera el teatro en Chile en ese mismo período a que la obra refiere—, un instrumento de información y de concientización políticas.

Para cumplir con tales pretensiones, Isabel Allende hábilmente mezcla, hasta la fusión casi total, lo que es "realidad" y lo que es ficción folletinesca. En la última instancia de preparación de la telenovela se pasa francamente al **diario de vida**, en el cual los episodios narrados ya no sólo pertenecen al pasado reciente de la protagonista, sino que incluyen el acaecer coetáneo de la escritura, es decir, lo que sucede en esos mismos momentos durante la redacción del texto. Y hasta llega, en ocasiones, a adelantar lo que es probable que ocurra (275 y 280).

De tal modo, la novela frecuentemente viola toda pretensión ingenua de realidad, al mismo tiempo que con ello logra afirmarla con mayor solidez. La crítica ha establecido con mucha claridad los enlaces entre parodia —modo de construcción temático-formal— y el cuestionamiento del realismo ingenuo en la literatura contemporánea. Entre otros alcances, exige del lector activo plena conciencia del carácter de artificio del texto[13]. Sobre un personaje central como es Rolf, se nos llega a proponer, atrevidamente, que si bien puede existir en la "realidad" de la ficción...quizás no sea tal cual la narradora lo presenta. Y hay momentos de audacia aún más extrema, como cuando la parodia del folletín asume una muy deliberada formulación. Cito como ejemplo las lecturas "formativas" de Eva Luna cuando Riad Halabí la está ejercitando en ello:

> me trajo novelas románticas, todas del mismo estilo: secretaria de labios túrgidos, senos mórbidos y ojos cándidos conoce a ejecutivo de músculos de bronce, sienes de plata y ojos de acero, ella es siempre virgen, aún en el caso infrecuente de ser viuda, él es autoritario y superior a ella en todo, etc., etc. (141)

Frente a esas lecturas, Eva Luna explica su relación —y esto es clave para apreciar el carácter paródico de la novela que la tiene a ella como narradora-protagonista:

> pronto yo podía adivinar el argumento en la tercera página y para distraerme lo cambiaba, desviándolo hacia un desenlace trágico, muy diferente al imagi-

nado por el autor y más de acuerdo a mi incurable tendencia hacia la morbosidad y la truculencia (141).

No es difícil apreciar aquí —en ejemplo que podría multiplicarse—el carácter irónico que, como es habitual, acompaña a la elaboración paródica. Otras instancias, en cambio, simulan ser— ¿son?—mera proyección de lo folletinesco en el espacio de la narración, de lo cual sobreabundan los ejemplos y es donde la parodia se aproxima grandemente al **pastiche**. El lector debe atender, en todos los casos, a dos voces, podría decirse, que compiten entre ellas. O dos niveles, dos dimensiones del relato: lo que acontece, lo que se imagina la protagonista (que es narradora) que le acontece y, en ese imaginarse, al proceso de construcción y/o reconstrucción del relato de sus peripecias. Esto no es sorprendente, pues la parodia, por definición, es un **discurso a dos voces**.

Importante observación, al respecto, es la que puede hacerse sobre el manejo del punto de vista[14]. Hay momentos —son predominantes—, de omnisciencia, otros de aquiesciencia y hasta de deficiencia[15]. No siempre la novela respeta las normas generales establecidas para el narrador en primera persona[16]. Resulta en grado extremo interesante, en verdad, ver todo el desenvolvimiento que Isabel Allende da a las posibilidades múltiples del uso del punto de vista, pensando siempre este aspecto en relación a nuestro objeto central de análisis, el carácter paródico de su ficción. Si en el folletín no cabe poner nunca en duda las afirmaciones categóricas de la voz narrativa—sobre todo si ésta se ofrece, como es frecuente, en tercera persona y con carácter omnisciente-, Isabel Allende recurre persistentemente a las opciones de su modelo, pero extremándolo y evidenciándolo. Muchos son los instantes en que la narradora avanza suposiciones sobre hechos que no podría definir decisivamente. Pero abundan más aquéllos en los cuales pasa de la mera hipótesis a una franca afirmación categórica, sin obligarse a dar validez "documental" a lo que dice. El lector no puede nunca estar seguro de cuando la narradora se restringe a presentar **hechos** y cuando da **versiones** configuradas por ella y, así, hasta tergiversadas, de lo "real" acontecido. El ejemplo más notorio es el de la escena erótica entre Zulema y Kamal (149-153), por lo demás clave en la evolución del personaje protagónico, que allí queda definitivamente marcado.

Se podría calificar a la narradora de *Eva Luna* como **no-confiable**[17], no del todo confiable, pero atendible: el lector acepta (mérito de Isabel Allende es lograrlo), que ella tenga una marcada e ineludible tendencia a la libre fabulación, lo que la lleva a falsificar y ocultar hechos, tendencia que, se nos advierte, le viene por herencia materna[18]. Su proclividad a embellecer la realidad no se restringe, sin embargo, a las "historias inventadas", sino que cubre también las acciones "reales" relatadas por Eva. El lector está consciente —se lo indica la propia narradora— que así como Eva Luna falsifica el pasado —y hasta el futuro— para dar consuelo a otros[19], puede también incurrir en el auto-engaño, adornando (alterando) su propio pasado[20]. Pero de esto, insisto, el lector ha sido advertido, lo que constituye una franca alteración del "modelo" adoptado, sin que en instancias como éstas se busque la ridiculización de una forma literaria sino su inversión[21]. Reiteradamente Eva Luna, narradora de su propia historia, formula afirmaciones como éstas: "construí dentro de mí misma una imagen aceptable," "suprimí los malos recuerdos para disponer de un buen pasado," "(Riad) estaba intacto como a veces se conserva el recuerdo del primer amor," etc., etc., frases impensables en el narrador folletinesco, interesado, él sí, en dar por aceptado el mundo feliz —o melodramático— que construye. Parodia, entonces, en el más estricto sentido, ya que se subvierten las convenciones de un género. Quiero decir: no estamos ante un simple proceso de asimilación de un estatuto para uso particular acorde a la mera intencionalidad, sino más bien, y por el contrario, frente a un proceso de inversión, subversión y transformación de lo recibido.

El ejemplo más definitivo que puedo dar es el de lo que acontece con el desenlace de la novela. Isabel Allende misma ha advertido: "en el libro nunca sabemos hasta qué punto lo que (Eva Luna) nos cuenta es real o producto de su imaginación, e incluso el final es un final abierto"[22]. Y claro que lo es: en las antítesis de **final feliz y cerrado** del género que parodia, no sólo subraya la índole imaginaria tantas veces antes sugerida por el mismo texto, sino que no resuelve la ambigüedad de la novela, impedida de separar "ficción" de "realidad", lo que es la negación misma de una convención muy fuerte establecida por el folletín.

Notas

1   Cfr. al cap. "Hacia el establecimiento de una estética realista" de mi libro
    Para leer a Isabel Allende... (Concepción: LAR, 1988) 99-137.

2   La tríada — terrateniente/militar/cura —, es la misma a la que un gran sector
    de la novela política hispanoamericana, por ejemplo la novela indigenista, ha
    venido denunciando como estamentos de opresión en nuestras sociedades.

3   Cfr. Robert Alter. *Partial Magic. The Novel as a Self Conscious Genre*
    (Berkeley and Los Angeles: U of California P, 1975) passim, esp.: X.

4   Cfr. Linda Hutcheon, *Narcissistic Narrative. The Meta-fictional Paradox*
    (Waterloo, Ontario: Wilfredo Laurier U P, 1980): 42.

5   Recuérdese lo reflexionado por Barthes en sus *Ensayos críticos* sobre la
    diferencia entre estas dos formas de discurso.

6   Todas nuestras citas de *Eva Luna* son de la primera edición (Barcelona:
    Plaza & Janés, 1987). En el texto indicaré entre paréntesis las páginas corres-
    pondientes.

7   Cfr. Lucien Dallenbach, *Le récit spéculaire: Essai sur la mise en abyme*
    (Paris: Ed. du Seuil, 1977). Vid en especial "Pour une typologie du récit
    spéculaire": 59-148.

8   Cfr., por ejemplo, las declaraciones suyas recogidas por la prensa en los días
    del lanzamiento del libro en España: *El País* (Barcelona) 30-XI-1987, *Ya*
    (Madrid) 25-XI-87, *El Periódico* (Barcelona) 20 y 28-XI-87. Más detalladas,
    más pensadas, las formuladas en Rice University, marzo de 1988, con ocasión
    del simposio sobre su obra y la de Antonio Skármeta organizado por
    Discurso Literario.

9   No lo logra con todos sus lectores: Juan Carlos Suñén, p. ej., en el artículo
    reveladoramente titulado "La progresión del cangrejo", *El País* (Madrid) 8-
    X-87, dice que Isabel Allende, "como su propia protagonista 'atrapa las histo-
    rias suspendidas en el aire más fino' ", o sea, aclara el reseñador, "las ligeras e
    insubstanciales". Agrega que la escritora "improvisa a menudo, dejando que
    su relato se parezca demasiado (sic) a las telenovelas de Eva, 'un enredo de
    personajes estrambóticos, de anécdotas inverosímiles' ". Otro comentarista
    de la novela, Roberto Saladrizar, en "Eva Luna desde Isabel Allende", *La
    Vanguardia* (Barcelona) 8-X-87, coincide en lo mismo, pues habla de "las
    trampas del folletín" y sentencia: "una discreta novela de aventuras pobladas
    de criaturas que no logran rebasar la condición de arquetipos bajo el poder
    arbitrario de quien las creó". Frente a observaciones como éstas me pre-

gunto —guardando las proporciones—cuanto debe molestar a quienes las formulan la proximidad que el *Quijote* ofrece con las novelas de caballería...

10   Cfr. la ponencia de Monserrat Alás, *"Eva Luna*: un mundo propio", presentada en el simposio de Rice al que nos referimos en la nota 8.

11   Sobre lo acontecido al respecto en la literatura argentina cabe recomendar, entre otros trabajos de interés, los presentados en la sesión titulada "Writing (and Reading) as Political Action: The Argentine Novel in the 70's and 80's", presidida por Rosa Minc, en el Congreso de la Northeast Modern Language Association, celebrado en Providence, R.I., en marzo de 1988, en que participaron Edna Aizenberg sobre Goloboff, Malva Filer sobre Enrique Medina, M. Coddou sobre Rivabella y Linda Aronne Amestoy sobre *Como en la guerra*. Igualmente importantes son los ensayos de Marta Morello, Mario Cesareo, Viviana Plotnik y Andrés Avellaneda, contenidos en la sección dedicada a Argentina en el volumen editado por Hernán Vidal, que mencionamos en la nota siguiente.

12   Al respecto es necesario consultar los siguientes ensayos, todos contenidos en el volumen de Hernán Vidal. ed., *Fascismo y experiencia literaria: para una recanonización* (Minnesota: Monographic Series of the Society for the Study of Contemporary Hispanic and Revolutionary Literatures, 2, 1985): Raúl Zurita, "Chile: Literatura, Lenguaje y Sociedad (1973-1983)"; Manuel Alcides Jofré, "La Novela en Chile: 1973-1983" y Bernardo Subercaseaux, "Notas sobre autoritarismo y lectura en Chile".

13   Cfr. Linda Hutcheon, *A Theory of Parody: The Teaching of Twentieth-Century Art Forms* (New York: Methussen, 1985). Con respecto al ámbito latinoamericano un buen trabajo es el de Luis Fernando Valencia. "Parody and Carnivalization in the Novels of Márcio Souza", *Hispania* 70.4 (diciembre 1987): 787-793. Eva Luna constantemente advierte al lector que lo que está leyendo es un folletín de televisión escrito por la protagonista y, así, no **necesariamente** las aventuras de ese personaje "tal cual sucedieron". El folletín clásico tradicional descansa en la creación del suspenso y en su capacidad para involucrar emocionalmente al lector ingenuo. *Eva Luna*, de modo muy pronunciado en su segunda mitad, debilita, ese suspenso y a través de la autoconciencia narrativa explícita fuerza al lector, aún cuando éste continúe gozando y sufriendo con las aventuras de la protagonista, a permanecer alerta a los diferentes planos en que opera la narración. De allí mi extrañeza ante comentarios como los que cito en la nota 9.

14   Sobre **punto de vista** cfr. Norman Friedman. "Point of View in Fiction: The Development of a Critical Concept", en Robert Murray David, ed., *The Novel: Modern Essays in Criticism* (New Jersey: Prentice-Hall, 1969).

15   Cfr. Oscar Tacca, *Las voces de la novela* (Madrid: Gredos, 1973).

16   Vid. Bertil Romberg, *Studies in the Narrative Technique of the First Person Novel* (Stockholm: Almquist & Wiksell, 1962).

17   Cfr. Wayne Booth, "Distance and Point of View: An Essay in Classification", en el libro citado en la nota 14.

18   Consuelo desde su infancia "suplía con giros poéticos lo que le faltaba de información" (11). Ella también, según recuerda Eva, "elaboraba la sustancia de sus propios sueños y con esos materiales fabricó un mundo para mí" (25).

19   Los ejemplos son muy numerosos, el más notable: a Rolf, atormentado por sus recuerdos infantiles, le inventa una historia feliz, con "un buen final" para Katharina y "un buen destino" para su madre (cap. X).

20   La madrina, en el capítulo V, alcoholizada, trastornada, en la miseria más total, aparece en el capítulo final en una clínica de lujo ... No podemos confiar en la narradora, pero resulta que ella nos ha advertido antes: "construí dentro de mí misma una imagen aceptable de la Madrina y suprimí los malos recuerdos para disponer de un buen pasado" (145).

21   M. Bakhtin en *La poética de Dostoievski* ha señalado que cuando se emplea una palabra, o un procedimiento marcado por los contextos precedentes en una función análoga, se está frente a la **estilización**, pero si la función aparece invertida, se trata de **parodia**.

22   Artículo citado de *El País* del 30 de noviembre de 1987.

Obras citadas

Allende, Isabel. *Eva Luna*. Barcelona: Plaza y Janés, 1987.

Alter, Robert. *Partial Magic. The Novel as a Self Conscious Genre.* Berkeley and Los Angeles: U of California P, 1975.

Booth, Wayne. "Distance and Point of View : An Essay in Classification." *The Novel: Modern Essays in Criticism.* Ed., Robert Murray David. New Jersey, Prentice-Hall, 1969.

Coddou, Marcelo. "Hacia el establecimiento de una estética realista." *Para leer a Isabel Allende.* Concepción: LAR, 1988.

Dallenbach, Luicien. *Le récit spéculaire: Essai sur la mise en abyme.* Paris: Ed. du Seuil, 1977.

Friedman, Norman. "Point of View in Fiction: The Development of a Critical Concept." *The Novel: Modern Essays in Criticism.* Ed., Robert Murray David. New Jersey, Prentice-Hall, 1969.

Hutcheon, Linda. *Narcissistic Narrative. The Meta-fictional Paradox.* Waterloo, Ontario: Wilfredo Laurier U P, 1980.

_____. *A Theory of Parody: The Teaching of Twentieth-Century Art Forms.* New York: Methussen, 1985.

Romberg, Bertil. *Studies in the Narrative Technique of the First Person Novel.* Stockholm: Almquist & Wiksell, 1962.

Tacca, Oscar. *Las voces de la novela.* Madrid: Gredos, 1973.

Transformation and Transvestism in *Eva Luna*

Wolfgang Karrer
Osnäbruck Universität

In Isabel Allende's third novel Eva Luna tells her own story and calls it *Eva Luna*. The motto and the first sentence provide the key to her story telling:

> Dijo entonces a Scheherazada: "Hermana, por Alá sobre ti, cuéntanos una historia que nos haga pasar la noche . . ."
> (De *Las mil y una noches*)

> Me llamo Eva, que quiere decir vida, según un libro que mi madre consultó para escoger mi nombre. (7)[1]

After the family memoir (*La casa de los espíritus*) and the love romance (*De amor y de sombra*), both extremely popular and well-worn conventions, Isabel Allende seems to repeat herself in *Eva Luna*. Indeed, the frontispiece of *De amor y de sombra* could almost just as well have prefaced Eva Luna's story: "Esta es una historia de una mujer y un hombre que se amaron en plenitud, salvándose así de una existencia vulgar." Salvation through love — what Hugo von Hofmannsthal once ironically called the allopathetic solution in literature — and salvation from vulgar existence guide the story of Eva Luna to its happy ending. But the elitist stance implied by "vulgar" is immediately displaced to the first important male character in her story: Professor Jones, "mucho más interesado en los conocimientos abstractos, los registros de la historia o los pronósticos de un futuro hipotético, que en las emergencias vulgares del presente" (17). Vulgar reality confronts him in the form of a student demonstration and police repression.

In the description of this violent confrontation, Eva Luna uses a characteristic narrative shifter, almost a self correction: "En realidad, los problemas comenzaron dos días antes, cuando los universitarios eligieron una reina de belleza mediante la primera votación democrática del país." (17) The innocent phrase "en realidad"

which proliferates throughout the book questions rather than forti-
fies the division between reality and fiction. If the democratic election of a beauty queen — in itself a questionable if not sexist ritual
— leads to demands for democratic elections of government and
thus for a replacement of the dictator, then a fictitious event like
the election of a queen (which playfully borrows from the political
institutions) reverberates on these institutions themselves. Fiction
transforms reality, like the book Eva's mother took her name from
to signify "life". Life imitates art. Eva Luna delights in retelling
the usual transformations of magic realism. The Palacio de los
Pobres becomes invisible when the police arrives (128), Rolf Carlé
flees from Europe where reality was "not of a natural order" (31),
to a Latin American village of fantasy (70), where time and geog-
raphy remain magically suspended and where his uncle produces
"velas de fantasía" (89). And Eva Luna would like to live her life
like a novel (278), a wish that finally comes true in the erotic
reunion with Rolf Carlé:

> Se acercó a grandes pasos y procedió a besarme tal como ocurre en las nov-
> elas románticas, tal como yo esperaba que lo hiciera desde hacía un siglo y tal
> como estaba describiendo momentos antes el encuentro de mis protagonistas
> en *Bolero*. (280)

The last quote leaves no doubt that this magical transformation of
reality results from a wish, **désir**, or **Wunsch**, and is brought about
through the narration itself. Eva Luna herself leaves no doubt
about the nature of these wishes. They are erotic, libidinal in
nature and express her "ganas de vivir" (24).

Stripped from its fantastic transformations, Eva's story and that
of her mother Consuelo reflect the dreary life of millions of women
in Latin America. It is the story of the "muchacha", a system of
domestic serfdom or slavery, disguised as adoption. (Madrina hires
Eva out as if she were a slave.) The life-long domestic service of
Consuelo in a country with a military dictatorship, and the domesti-
cation and rebellion of Eva against both, form the background of
her story, the rock bottom which connects her novel to the social
and political realities of Latin America.

Eva's early life is one of continuous imprisonment in the life-
denying surroundings of a monastery, the embalming villa of Professor Jones, or the houses of lonely and unwed people like the

"patrona", the lady of the reliquary, the paranoic Yugoslav widow "of the cold porcelain" (101 f.), a divorced high official with odd urinary habits. Eva's early fantasies and infantile stories allow her to survive in these mansions of death and to transform them into something mysterious. Thus, her fantasies center around strange and distant places: the jungle (17), the polar regions of snow (70), or exotic places like Katmandú, The Palace of the Bees or Merlin's Cave (103 f.), place names learnt from her mother who suffered from the same social position (25 f.)

Eva Luna's fantasies and her discovery of a magical dimension behind the surface of reality (26) both derive and save her from the situation of being a domestic servant, a **muchacha**. The gradual transformation into adolescent and more clearly erotic fantasies takes place in two other highly significant places: the kitchen and the brothel. With Elvira, the cook, Eva becomes addicted to soap operas on the radio, her main connection with the outside world (69 f.) She begins to fashion her tales according to these patterns, avoiding, however, the happy ending of the reunited couple (70). The transformation of soap opera patterns becomes characteristic for all of Eva Luna's later stories (118). It is only after studying the pornographic books the Señora keeps for the instruction of her girls, that Eva's fantasies begin to take a more erotic turn, though she will not yet connect her fantasies with her real life, her romantic infatuation with Huberto Naranjo (119). The romantic novels and the tales of *The Thousand and One Nights* provided by Riad Halabí, a paternal friend, who will introduce her to sexuality, liberate her fantasies,

> hasta perder de vista los contornos de la realidad. El erotismo y la fantasía entraron en mi vida con la fuerza de un tifón, rompiendo todos los límites posibles y poniendo patas arriba el orden conocido de las cosas (141).

Her romantic and erotic fantasies finally blend and culminate when she witnesses the inflammatory seduction of Kamal by Zulema (149-53). Desire, magic transformation of reality, and erotic fantasy come together for the first time in Eva's narrative discourse:

> ... el dolor del deseo se había esparcido por la casa, impregnando los muros, las ropas, los muebles, ocupaba las habitaciones, se filtraba por las grietas, afectaba la flora y la fauna, calentaba los ríos subterraneos, saturaba el cielo de Agua Santa, era visible como un incendio y sería imposible ocultarlo (153)

The in/subversion of reality, "the known order of things," by way of story telling becomes Eva Luna's vocation, and *The Thousand and One Nights* make her a writer of soap operas for television (229 f.). The act of writing becomes an act of love, a sublimation of the sexual act itself, committed on white paper "como una sábana recién plachada para hacer el amor" (230), performed on her own past, "Poco a poco el pasado se transformaba en presente y me adueñaba también del futuro" (231), performed also as a work of celebration: "si trabajo se puede llamar aquella fiesta" (231). One is reminded of Isabel Allende's own commentary on *Eva Luna* that she was going to write it "con un sentimiento festivo y gozoso."

Writing may be a solitary act, story telling is not. And if Eva Luna learned story telling in the intimate interaction with her mother Consuelo and her "grandmother" Elvira, she soon learns to appreciate the exchange value of stories, their ways of creating and transforming human relationships, giving desire a way to reach out and create a space for itself. Elvira asks for "a long story" to last her during a long separation, Eva pays Huberto Naranjo for his attentions with a tale that dresses his fantasies into heroic roles (63), Huberto remembers her as the girl who knows how to tell stories (107, 110). Their storied connection finally leads to furtive erotic encounters that could well come from one of Eva Luna's tales. (In fact, they do.) Her relationship with Rolf Carlé also opens with a story that awakens his desire (234). She woos him by reinventing his past (238) and remaking their relationship in a story about themselves (258). She exchanges her past with him: "se abandonó al placer de fundirse con él en la misma historia" (258). The exchange of desires in story telling leads to another fantasy of fusion, culminating in their first night together, significantly blending erotic dream and reality for both (261-263).

Stories in *Eva Luna* and the desire embedded in them help characters to escape from or to survive hostile social and political relations. They also help to transform these relations, not only in fantasy, but — by sharing and exchanging desire — in real human relations. And even the political situation of pseudo-democracy and censorship can be effectively subverted by telling "real" news that cannot be shown on television as soap operas on the other channel (269).

The idea of letting a female soap opera writer tell her life story allows Isabel Allende to celebrate writing and story telling as an erotic act, a **jouissance** of writer and reader, teller and listener. With Eva Luna she ultimately models the reading/writing act on the frame from *Tales of the Thousand and One Nights*, on Scheherazade's seductive way with words and tyrannical males, who remain spellbound with her tales. And as in John Barth's *Chimera* the exchange of desires in the marketplace of the story serves to redefine the power relation between the sexes and genders.

Through repeated descriptions of the sources and circumstances of her story telling art, Eva Luna clearly points at *Eva Luna* as a sequel, a secondary elaboration of the story of "la malvada Alejandra" and *Bolero*, her two successful soap operas. (Does Isabel Allende here point tongue-in-cheek at *La casa de los espíritus* and *De amor y de sombra*? And is Eva Luna also an intertextual elaboration of the core fantasies in her first and second novel?) Both **"telenovelas"** transform Eva Luna's past into a patterned romance. *Bolero*, by keeping closer to the "reality" of Eva's past is the more eccentric of the two, and makes it almost impossible to ignore the fairy tale and soap opera qualities of her last story about the transformation of an illiterate domestic servant into a successful writer of soap operas who woos and wins an exotic film maker and cures him form his traumatic past.

But by mirroring story telling as story and discourse, by Eva Luna's retelling how she told and wrote stories in the past, Allende creates something more complicated than soap opera. *Eva Luna* belongs to the metafictions of postmodernism. It is a metafiction on the structure of desire, inherent in traditional forms of narration. The alternating chapter device, borrowed from the soap opera, mirrors the desire for sexual union:

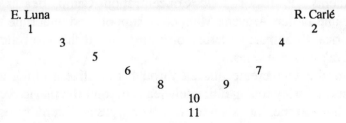

The geographical and temporal distance in the first two chapters (they are continents and years apart) gradually narrows down, until the two main characters connect through mutual friends (chapters 6 to 9), and finally meet (10) and fuse (11). And by the extensive use of the story-within-story device, Allende and Eva Luna continuously mirror themselves in multiple reflections.

In returning to Arabic tales and soap operas for her stories, Eva Luna taps powerful sources of narration. At one level, Allende like Joyce Carol Oates in *Bellefleur* and its sequels, revalidates popular genres that have kept readers, men and women, spellbound for generations. At another level, Allende transforms these conventions as Eva Luna grows up. *Eva Luna* is sometimes a picaresque novel, sometimes like *A Portrait of the Artist as a Young Woman* in its changing narrative guises from its mythic beginnings unto its frankly soap-operatic ending. The shifting discourse mirrors Eva Luna's development from childish story teller to mature and commercial artist with a political message.

The opening story of Consuelo and the Indian gardener, dying and resurrecting under Consuelo's love making, carries overtones of a creation myth. Man and woman, Indian and Spanish races (in a neat gender inversion of the Pocahontas/Malinche myth), death and life, moon and "Sándalo Sol" (22), snake and life essence, all fuse to create Eva Luna. The picaresque interludes in chapters 3 and 5 lead to the fairy tale chapter about Riad Halabí, Zulema and Kamal. The return to Mimí and the capital of that unnamed country, closely resembling Venezuela, is told in a soap operatic style with noble guerilleros, cruel colonels and love intrigues for Eva and Mimí, leading to two happy endings. The Rolf Carlé interludes show a more documentary approach to biography. Only his erotic adventures with two cousins in the fantastic village reveal a fairy tale quality similar to the Riad Halabí episodes. Further parallels in elements (Professor Jones/Concentration Camp, deaths of mother and father, Aravena/Mimí etc.) support and underline the symmetrical three-part structure of both lives. Rolf's life reflects upon Eva's and vice versa.

The desire to recreate oneself through reflective, shifting and metafictional story telling ultimately leads beyond the magic cycles of childhood stories and soap operas. The types and stereotypes in Eva Luna's stories, the "play of infinite possibilities" that she discovers in the Arabian Nights (141) are firmly rooted in archetype and myth. The archetypal code underlying Eva Luna's story begins both with the title and her name. It determines her miraculous creation, the heroic liberation from father and mother figures, it provides friendly helpers and magical gifts, and leads to her magical transformation from domestic prisoner to liberator of prisoners. Even the obligatory treasure (Zulema's jewels) turns up to help Mimí and her magical transformation. This code as described by Neumann and conveniently summarized by Della Grisa underlies much of Latin American magical realism[2]:

1. *The Myth of Creation*: a) The Uróburos, b) The Great Mother, c) The Separation of the Parents and the Beginnings of Oppositions.

2. *The Myth of the Heroe*: a) Birth of the Hero, b) Murder of the Mother, c) Murder of the Father.

3. *The Myth of Transformation*: a) The Female Prisoner and the Treasure, b) Osiris or the Transformation.

But instead of reflecting Latin American history in this circular myth (The Uróburos picks up where three left off.) of birth and rebirth, Allende chooses to thoroughly feminize it. It is Eva Luna who rescues Rolf Carlé from the dragon of his past, who brings the treasure to Mimí, helps to free the prisoners and take the good news to the people. Her individuation owes more to mother, "grandmother" Elvira, and "sister" Mimí than to male help from Huberto Naranjo or even Riad Halabí. Eva Luna embodies the pleasure principle of wish fulfillment, Rolf Carlé the reality principle of denied desire. Eva's union with her male **ánima** fulfills her not only sexually but also makes her a fuller human being in Jungian terms. By mating with a European immigrant she follows her parents' act of creation. The cultural code of "mestizaje" which characterizes the postwar period in magical realism according to Della Grisa, writes the beginning and the end of Eva's story. As in myth, circularity and symmetry form the underlying logic of story and discourse in *Eva Luna*[3].

After concluding her story with the ultimate erotic encounter with Rolf Carlé in the true style of soap operas, and according to the Myth of Transformation, Eva Luna again subverts her own fiction with reality:

> O tal vez las cosas no ocurrieron así. Tal vez tuvimos la suerte de tropezar con un amor excepcional y yo no tuve necesidad de inventarlo, sino sólo vestirlo de gala para que perdurara en la memoria, de acuerdo con el principio de que es posible construir la realidad a la medida de las propias apetencias. (281)

The "dressing up" of lived experience to gratify desire, the exchange of the lived past for pleasing and durable memories leads again to gender, and the transformation of sex roles. This is done through clothing.

Allende unfolds a rich semiotic code of clothing throughout *Eva Luna*. It carries the theme of magical transformation through desire into the core fantasies of gender, clustering around Eva and Mimí. Dressing up in gala and disguise are the elementary operations of the code. The Señora who transforms herself into a beauty (110) and Huberto Naranjo who disguises himself as a civilian to escape military persecution (202) stay within their roles, shift within them without violating any role values of gender or power. And clothes are centrally connected with both. From the moment the missionaries put diapers on Eva's mother "para tapar sus verguenzas" (7) clothes signify sexual repression. The buttoned up clothes of Eva and Rolf (138, 91) are supposed to contain their sexuality. The tying up of hair plays a similar role (22, 152, 59). Eva's first rebellion consists in tearing off the elaborate wig of her patron, an act of symbolic castration. Clothes contain human sexuality. Clothing also creates gender by ritual. When Eva is baptized she is dressed up for the occasion (47). When she leaves her existence as **muchacha**, the Señora washes her and buys her clothes of a **señorita** (112). After elaborate rituals zulema is put into a bridal gown for the wedding night with Riad (137). Widows wear obligatory black (66, 82, 115). Women in *Eva Luna* are clad into sexual roles. The rituals investing them with these roles function as a form of social control. (Rolf Carlé has to undergo similar ordeals.)

Clothes also signify class. The servant's apron covering Consuelo and Eva (10, 14, 56, 148) for much of their lives signifies rank, social submission. So do the gray uniforms Eva has to wear (11, 36). Her transformation into a **señorita** also signifies a rise in class. Peasant and Chief of police keep a symbolic distance through their clothes (60, 67), as do the lady and the maid in the house (54, 55 f.). Power relations between classes combine with gender to establish and affirm male hegemony over women. Rolf Carlé's father perfectly symbolizes male patriarchy and female submission:

> A Lukas Carlé le gustaban los zapatos femeninos con tacones muy altos y los prefería de charol rojo. En sus viajes a la ciudad le pagaba a una prostituta para que caminara desnuda, sin más adorno que aquel incómodo calzado, mientras él, vestido de pies a cabeza, con abrigo y sombrero, sentado en una silla como un alto dignatario, alcanzaba un gozo indescriptible ante la vista de esas nalgas . . . (30)

When Lukas Carlé submits his wife to the same humiliation his son breaks out in open rebellion against his authority. Lukas is finally killed by his students for his tyranny. Significantly, the murderers speak, about their deed openly for the first time in the locker room, "en el vestuario." They are all naked (78 f.). Nakedness stands in opposition to clothes. Both express either domination or freedom in gender relations. Eva is tied naked to a chair during her interrogation by the police (179 f.), a scene that parallels the humiliation of Rolf's mother. The dressed male with the naked female symbolize hegemony, shared nakedness equality and shared freedom for desire:

> Riad Halabí . . . me enseñó las múltiples posibilidades de la femenidad para que nunca me transara por menos. Recibí agradecida el espléndido regalo de mi propia sensualidad, conocí mi cuerpo, supe que había nacido para ese goce . . . (185)

The acceptance of her own body arises out of love making. Eva refuses to accept sexual submission or humiliation, and draws her sense of equality and dignity from this fact. Shared nakedness and shared desire in story telling suspend time and space and create a magical moment outside reality.

But this is not all. The system of clothing in *Eva Luna* allows for more direct transformations of reality. The ambiguous state of being half dressed, of letting nakedness appear beneath the clothes has a strong erotic appeal. Rolf's cousins, Zulema, and Eva all use this appeal (90, 150, 261, 281), and Rolf's naked torso and waving hair have their effects on the cousins (90). But these erotic transformations of the clothing code find only weakened resistance from the authority figures of madrinas, uncles and aunts. they do not seriously challenge values of sex and power.

Huberto Naranjo, on the other hand, transgresses rules of male power, when he steals military uniforms from the clothes factory where Eva Luna works. The disguise of the guerilleros as soldiers to free their companions from prison constitutes a serious violation of state power. As if to underline this transgression, Eva Luna, who helps to steal the uniforms, also transforms the porcelain she calls the "universal mass" into mock soldiers to distract the authorities (257). Magic transformation of reality, the universal mass, and transgression of roles go hand in hand.

While Huberto challenges power, Melecio/Mimí challenges gender:

> ... la única explicación de Melecio fue que llevaba una mujer por dentro y no podía habituarse a ese aspecto de hombre en el cual estaba aprisionado como en una camisa de fuerza. (113)

Melecio experiences his body as clothing through which he tries to transform himself into a woman. Through his transvestism, Melecio breaks out of the straight jacket of gender and transforms reality. His transgression seriously challenges traditional views of gender, but fails to do the same for power relations between the sexes. In her desire to be a woman, Mimí submits to the desire of her lovers, however playfully and for a limited time. Eva Luna carefully distinguishes between "transformistas," "travestis'" (113, 120, 196) and somebody like Mimí, "esa criatura mitológica" (232), whom she accepts as a woman in all respects. She even contributes the treasure that would enable Mimí to take the final step to transform her genitals by an operation (266). But by having imposed his desire on a willing audience and equally willing lovers, Mimí already has become a woman, she does not need the operation anymore. She has successfully crossed gender through transvestism and art, but her transformation has left gender intact. Androgynous existence represents a mythical fusion of gender, feared and desired at the same time in *Eva Luna*. Mythic identity and realistic displacement clash in Mimí[4.]

Her life parallels Eva's. Mimí's clothes and body correspond to Eva's tales. Both exchange desire with an audience, and make a living of that. Mimí's desire to be a woman finds its contrast in Eva's denied fantasy to have a phallus, the symbol of male power:

> [La Madrina] Sostenía que es mejor ser varón, porque hasta el más mísero tiene su propia mujer a quien mandar, y años más tarde llegué a la conclusión de que tal vez tenía razón, aunque todavía no logro imaginarme a mí misma dentro de un cuerpo masculino, con pelos en la cara con la tentación de mandar y con algo incontrolable bajo el ombligo, que, para ser bien franca, no sabría muy bien donde colocar. (46)

Eva's frequent phallic references, however, show her preoccupied with this symbol of "masculinity" and power. After the only washing and transrobing ritual where Eva is not forced to wear anything particular, she wears a male shirt, probably Riad Halabí's (138). Mimí's final rejection of a vagina mirrors Eva's rejection of a phallus and her acceptance of femininity. Both consciously choose and try to transcend traditional gender roles through art. But Mimí remains suspended in the "androgynous limbo" (146), while Eva seeks the sexual union with Rolf and thus continues the mythical cycle of life.

If Huberto Naranjo challenges the power structure of his society to overthrow it, Mimí and Eva submit gender structure to change, but ultimately to preserve it. Mimí and Eva embody femininity as they (re)define it, but they do not challenge male superiority, the power in the gender relation. The central fantasy in *Eva Luna* is to fuse distinctions, to unite opposites. Images of mixture and fusion proliferate throughout the novel": races, languages, fictions, religions, books — everything falls into creative confusion, perhaps best symbolized by the aphrodisiac soup of aunt Burgel (87 f.) The narrative and erotic fusion of opposites in the novel would finally culminate in a feminist vision of androgynity[5.] The ambivalence of Mimí, Eva's acceptance of rolf and the rejection of Huberto, the fantasies of union and the retention of revised but clear gender roles mark the underlying political unconscious of the novel. Isabel Allende clearly wanted Eva Luna to stand for fulfilled femininity. She has said so in her interviews. She also sees *Eva Luna* as a new phase in her creative life, a satisfactory narrative stance:

> . . . mis tres novelas han ido marcando etapas de mi vida, etapas de superación. *La casa de los espíritus* supuso la superación de la nostalgia; *De amor y de sombra* me quitó el odio y la rabia, sentimientos negativos y también paralizantes; *Eva Luna* es un libro alegre, y un libro que yo no podría haber escrito antes de cumplir los 40 años, porque hasta los 40 años yo quería ser un hombre, a la vista de que ser una mujer requiere doble esfuerzo. Eva Luna, la protagonista de la novela, es la escencia de la femenidad aceptada.[6]

The acceptance of her role runs counter to all that Eva Luna's narrative art stands for: transformation of reality through fiction, mixing of distinctions, fusion of opposites. By stopping short of challenging male hegemony, Eva resigns from her deepest instincts and relegates Mimí, who also fails to challenge male superiority, to a second place. But by transforming its basic oppositions into a fused imaginary whole, the novel also reveals the underlying contradictions of power and gender relations, of social time and space. Thus, aesthetic oppositions will often ultimately point at the very social contradictions they are supposed to mask.[7]

Notes

1 All quotes come from Isabel Allende, *Eva Luna* (Barcelona: Plaza y Janés, 1987).

2 Graciela N. Ricci Della Grisa, *Realismo Mágico y Conciencia Mítica en América Latina* (Buenos Aires: F. G. Cambeiro, 1988): 66-76.

3 Della Grisa, 75, 91-100. For a similar approach to female myth making cp. Carol Pearson and Katherine Pope, *The Female Hero in American and British Literature*. New York, London, Bowker, 1981.

4 Cp. Northrop Frye, *Fables of Identity. Studies in Poetic Mythology* (New York: Harcourt, Brace, and World, 1963): 32-36.

5 Cp. Betty S. Flowers, "The 'I' in Adrienne Rich: Individuation and the Androgyne Archetype," in: *Theory and Practice of Feminist Literary Criticism*, eds. Gabriela Mora and Karen S. Van Hooft (Ypsilanti, Michigan: Bilingual P, 1982): 14-35, for the Jungian process of individuation culminating in the union of polarized opposites, the father and the mother role.

6 Isabel Allende as quoted in "Dimensión Paródica de *Eva Luna*," by Marcelo Coddou, in this volume.

7 Pierre Bourdieu, *Distinction. A Social Critique of the Judgement of Taste*, trans., R. Nice (Cambridge, Mass.: Harvard P, 1984).

Works Cited

Allende, Isabel. *Eva Luna*. Barcelona: Plaza y Janés, 1987.

_____. As quoted by Marcelo Coddou in "Dimensión Paródica de *Eva Luna*." *Critical Approaches to Isabel Allende's Novels*. Eds., Sonia Riquelme Rojas and Edna Aguirre Rehbein. New York: Peter Lang Publishing, Inc., 1991.

Bourdieu, Pierre. *Distinction. A Social Critique of the Judgement of Taste*. Trans., R. Nice. Cambridge, Mass.: Harvard P, 1984.

Della Grisa, Graciela N. Ricci. *Realismo Mágico y Conciencia Mítica en América Latina*. Buenos Aires: F.G. Cambeiro, 1988, 66-76.

Flowers, Betty S. "The 'I' in Adrienne Rich: Individuation and the Androgyne Archetype." *Theory and Practice of Feminist Literary Criticism*. Eds. Gabriela Mora and Karen S. Van Hooft. Ypsilanti, Michigan: Bilingual P, 1982, 14-35.

Frye, Northrop. *Fables of Identity. Studies in Poetic Mythology*. New York: Harcourt, Brace, and World, 1963, 32-36.

Pearson, Carol and Katherine Pope. *The Female Hero in American and British Literature*. New York: Bowker, 1981.

El sabor picaresco en *Eva Luna*

Gloria Gálvez-Carlisle
University of California
at Los Angeles

Eva Luna, (1987)[1] la última novela de Isabel Allende, añade una dimensión creadora diferente a su ya prestigiosa trayectoria literaria, iniciada previamente con *La casa de los espíritus* (1982) y *De amor y de sombra* (1984).

Si bien es cierto la novela examina el contexto socio-político y la condición de la mujer latinoamericana, dos constantes en sus novelas anteriores, la inclusión en *Eva Luna* de un personaje central y uno secundario pícaros, permite la reincorporación en la novela de elementos picarescos, tradición que en Hispanoamérica se remonta al siglo XIX con el meritorio *Periquillo Sarniento* de Fernández de Lizardi y cuyos orígenes emergen en la España del Siglo de Oro con tres obras fundamentales: *La vida del Lazarillo de Tormes*, *El Guzmán de Alfarache* y *La vida del buscón*.

Nos proponemos en este estudio, por un lado, investigar la relación de *Eva Luna* con las estructuras de la picaresca y, por otro, sus desviaciones de este modelo que, en última instancia, reflejan las circunstancias histórico-sociales latinoamericanas contemporáneas y la capacidad creadora de Isabel Allende.

Desde el comienzo de la novela, se puede observar que la historia de la protagonista es la historia azarosa de una mujer cuya juventud es también tremenda; "Vagabunda, hambrienta, sirvienta e hija adoptiva es acusada de robo y asesinato"[2] siguiendo el modelo de los personajes de la picaresca. La perspectiva autobiográfica y el relato en primera persona, universal en el género, está presente, aunque la protagonista no declara por qué o a quién está escribiendo, como ocurre en el capítulo inicial del *Periquillo Sarniento* o *La vida del Lazarillo de Tormes*.

Como todos los pícaros, Eva también lleva una vida de peregrinación. Desde los siete años cambia constantemente de amos y empleos, sufriendo explotación y humillación con unos, como en el caso de la patrona y el ministro, o un mejor trato con otros, como en el caso del profesor Jones o de la señora yugoslava, pero, en cualquier caso, su vida fluctúa entre el binomio de oprimidos y opresores.   Además, como todos los pícaros y, en especial las pícaras, "recibe un entrenamiento que la educa en materia apicarada."[3] En *Eva Luna* vemos esta instrucción en los consejos callejeros comunicados por Huberto (64), el otro pícaro en la novela, en los consejos de índole práctica y utilitaria de Elvira (66), recomendaciones y observaciones todas que la moldearán y prepararán para sobrevivir las situaciones caóticas y adversas.

Y también, como todos los pícaros, Eva nos cuenta la historia de sus orígenes y de cómo llegó a ser huérfana, pero, contrariamente a la mayoría de los pícaros y pícaras clásicos, sus orígenes no se remontan a la "línea genealógica compuesta de mesoneros, alcahuetas, prostitutas, marineros, soldados, o sea, aventureros y tipos hampescos y desafortunados de toda índole,"[4] sino que ella es hija de una sirvienta y un indio, es decir es mestiza.

Aunque en *Eva Luna* asoman personajes estereotípicos que representan clases o lacras sociales, como la patrona, el ministro y varios tipos militares, Allende ha profundizado en el desarrollo de otros como en el caso de Huberto, Riad Halabí, Rolf Carlé y Melecio/Mimí. La historia de sus vidas se nos dan con detalles, siendo más notables los que dicen relación con las circunstancias externas y experiencias que determinaron sus motivaciones internas. Estos personajes no aparecen satirizados. Al contrario, son presentados con compasión y el lector llega a conocerlos profundamente, si bien es cierto la cantidad de información es menor que en el caso de Eva. Estas características de la narración y el hecho de que Allende dedique capítulos enteros a las relaciones entre los padres de Rolf, además de contarnos su historia, es una desviación significativa de la picaresca y de hecho desconcertante hasta mucho más tarde en el relato. Verdaderamente se puede decir que, aunque Eva es el eje en torno al cual gira la novela, ella no es el único. La influencia de las vidas de Huberto, Rolf, y Melecio/Mimí es decisiva en la progresión del personaje central, Eva, y en el engranaje total de la novela, como es evidente al final de la misma. El impacto y permanencia de ellos en el lector es mucho mayor que el de simples caricaturas. La propensión del pícaro tradicional a la codicia, la mentira, el engaño, el fingimiento y, en el caso de la pícara, a la infidelidad y la prostitución[5] no está presente en nuestra heroína. Eva sobresale por su fuerte sentido de decoro y decencia. En la novela esto se pone de manifiesto cuando Eva deja la casa de Riad Halabí, su protector y amigo, y regresa a la ciudad. Extenuada, "después de presentarse en todos los sitios donde se solicitara personal", se resiste a aceptar trabajos que hubieran sido trueque común de las pícaras en su historia: "bailar desnuda o atender clientes de un bar" (188). Tampoco volverá a ser sirvienta. "De eso ya había tenido bastante" se le oye decir, agregando: "en algunos momentos de desesperación estuve a punto de tomar el teléfono y llamar a Riad Halabí, pero me contuve" (188).

Tal vez la buena suerte vino en su ayuda salvándola de caer en una vida sórdida, puesto que en ese momento se vuelve a encontrar con Melecio, ahora convertido en la magnífica Mimí quien le ofrece protección. Nosotros sin embargo, preferimos pensar que este no hubiera sido el caso. Como Eva misma nos dice al comienzo de la novela, fue dotada desde su nacimiento con "una salud inalterable y esa rebeldía que tardó un poco en manifestarse, pero finalmente me salvó de la vida de humillaciones a la cual sin duda estaba destinada" (25). Y como prueba final de su carácter moral, rechaza la oportunidad de obtener solvencia económica fácil, situación que cualquier otra pícara hubiera aprovechado, al no aceptar los avances del coronel Rodríguez. De este modo rompe con la norma, hasta ahora establecida por la mayoría de las heroínas apicaradas, de convertirse inevitablemente en una querida o amante.

Precisamente, por venir el pícaro de los estratos sociales más bajos, no tiene otros recursos que su innata astucia e ingenio para sobrevivir, o, en el caso de la pícara, un tercer componente imprescindible: belleza. No hay pícaras feas ni viejas afirma Ronquillo. Pues bien, quien haya leído la novela ha de recordar que a Eva no se le puede calificar de hermosa (110-195). Sin embargo posee el don de la imaginación. Su capacidad de "contar cuentos de amor, de guerra, de miedo o de lo que se le pidiera" (110), le permitirá ser aceptada y recibir socorro en varias ocasiones durante su niñez. Pero también le ayudará a sobrellevar muchos momentos difíciles en su adolescencia y juventud. El uso positivo de la fantasía, tan significativo en el desenvolvimiento y destino de la protagonista, nos recuerda en su manejo a las protagonistas de otra gran escritora chilena: María Luisa Bombal. Por cierto, las heroínas de ambas escritoras modifican la realidad convirtiéndola en lo que ellas quisieran que fuera. Ambas escritoras utilizan la fantasía como elemento sublimador de realidades adversas[6]. Pero lo que es importante señalar es que, a diferencia de lo que sucede en la narrativa de Bombal, las heroínas de Allende no usan la fantasía en forma unidimensional, es decir, al servicio del mejoramiento de sus relaciones con el sexo opuesto solamente, sino que su empleo va mucho más lejos. Por medio de la fantasía Eva se crea, primero, una parentela de alcurnia. Luego su madre cambia de roles: de sirvienta "realizando vulgares tareas domésticas" se transforma en una exquisita "joven delicada y sonriente, vestida de encajes y protegida por una sombrilla, en un jardín de rosas trepadoras" (207), y es también la fantasía la que, posteriormente, la librará de sus propias limitaciones reales, permitiéndole, de acuerdo a sus deseos, ser ella misma un personaje más de la historia o como dice Eva "tener el poder de determinar mi fin o inventarme una vida" (231). Y finalmente, como veremos más adelante, su habilidad se convertirá en su herramienta de trabajo.

Otra cualidad intrínseca de la pícara es su inteligencia. Definitivamente Eva se ajusta a este criterio pero, a diferencia de las heroínas apicaradas, Eva no la utiliza para salir airosa de todas las burlas que realiza, como en el caso de Teresa Manzanares, la protagonista de *La niña de los embustes* (1615) de Alonso Castillo Solórzano por ejemplo, o para seducir y burlar a su víctima, como en el caso de Constanza, una de las cuatro harpías en *Las harpías de Madrid* (1621) también del autor antes mencionado, sino que Eva aprovecha su inteligencia para educarse, superarse y hacer buen uso de las situaciones que la vida le ofrece.

Ciertamente la idea de la educación es uno de los medios más importantes en el desarrollo, emancipación y mejoramiento de la condición de la mujer latinoamericana y en esta novela es un punto primordial en el que se descubre la concepción filosófica de Isabel Allende. Si en *La casa de los espíritus* ya se vislumbraba esta preocupación (recuérdese a Alba la más joven y la más educada de las cuatro Truebas), en *Eva Luna* el desarrollo, la emancipación e independencia económica de la protagonista se debe exclusivamente a su educación y motivación personal. En efecto, contraria-

mente a las protagonistas de la picaresca, Eva se labra una vida
cómoda, respetable y profesional, venciendo y triunfando sobre la
pobreza inherente a su clase, por medio de su educación, talento e
incondicional perseverancia. Eva transforma y modifica su marco
opresivo, superando una vida de sirvienta y de puro trabajo, a la
que pareciera haber sido destinada, siguiendo el camino de su
madre o su madrina Elvira (54). Acerca de las cualidades de sus
heroínas Isabel Allende ha manifestado:

> ...son seres bien plantados en sus pies, altivas, generosas, fuertes, jamás
> derrotadas, plenas de ternura y coraje. Cada una a su manera encuentra la
> forma de vencer la mediocridad y sobreponerse al manto gris que a menudo
> envuelve la existencia cotidiana. No creo que esto sea un romanticismo de
> mi parte. Corresponde a la realidad de tantas y tantas mujeres que he cono-
> cido en mi oficio de periodista y en mi vocación por la amistad.[7]

Las características antes mencionadas también se observan en
Melecio/Mimí. De perseguido y violado en la prisión en los
comienzos del relato, su ascenso social y económico posterior se
debe al cultivo de su talento como cantante y actriz. Es, a través de
la amistad con Mimí, durante los años de convivencia con ella, la
época en que Eva aprende refinamiento, se educa, asistiendo a
museos y conciertos (205-6), aprende a manejar y a manejarse.
Aprende como dice Eva "a conducir el timón de su existencia y
acaba de hacerse mujer" (195).

Pero, aunque la educación es esencial en el proceso de emancipación de la mujer no es suficiente.[8] Eva, portavoz de Allende,
insiste que los que deciden en su sociedad, invariablemente hombres, no compartirán voluntariamente las decisiones y el poder. Y,
porque todavía estamos en una situación desmedrada, lejos de esa
posibilidad, es que Eva concluye: "Elvira tenía razón, hay que ser
bien brava, hay que pelear siempre" (214).

Con las primeras lecciones particulares impartidas por la maestra
Inés y pagadas por su protector, Riad Halabí, se inicia la educación
formal de Eva y la toma de conciencia de las posibilidades que la
escritora le ofrece. "Era lo mejor que me había ocurrido en toda
mi existencia, estaba eufórica" (140) se le oye decir. Y agrega "me
puse obsesiva con el estudio, me fascinaba la historia, las letras, la
geografía... . Valiéndome de una enciclopedia y de los conocimientos de mi maestra, yo viajaba por el mundo" (172). Pero el

momento decisivo, de su inicio como escritora, ocurre en años posteriores como el regalo de la máquina de escribir. "Para que empieces a trabajar" le dice Mimí sentenciosamente y, efectivamente, así sucede:

> "...Preparé un café negro (dice Eva) y me instalé ante la máquina, tomé una hoja de papel limpia y blanca...y la introduje en el rodillo. Entonces sentí algo extraño, como una brisa alegre por los huesos, por los caminos de las venas bajo la piel. Creí que esa página me esperaba desde hacía veintitantos años, que yo había vivido sólo para ese instante, y quise que a partir de ese momento mi único oficio fuera atrapar las historias suspendidas en el aire más delgado, para hacerlas mías" (230).

Las historias que la protagonista atrapará en *Eva Luna*, similar a lo que ocurría en *La casa de los espíritus* y *De amor y de sombra*, estarán íntimamente ligadas al contexto histórico político-social latinoamericano de hoy. Muy dentro de lo que Juan Manuel Marcos llama "el post boom o literatura hispanoamericana de los 80", esta novela alude al problema del establecimiento de dictaduras militares en el poder acompañadas de las inevitables coordenadas de represión y violencia, a los disturbios políticos y a los movimientos guerrilleros en Sudamérica, además de otros problemas como el desempleo, la miseria y la pobreza de grandes masas marginales. Si en sus dos novelas anteriores podíamos reconocer el contexto histórico político-social chileno, en *Eva Luna* será el venezolano. Por cierto las descripciones geográficas de la selva tropical, las alusiones al auge del petróleo, al Benefactor, es decir, la dictadura del Benemérito (Juan Vicente Gómez 1910-1931), a la dictadura de Marco Pérez Jiménez (1950-1958), al movimiento guerrillero (1960-1965) y su persecución por parte del presidente Rómulo Betancourt (1959-1963) y la cuasi disolución de éstas por medio de la amnistía dada por Raúl Leonis (1963-1968), sitúan la novela en un período histórico de Venezuela que se extiende aproximadamente desde 1910 a 1968. Pero, aunque el telón de fondo en el cual se desarrolla la novela sea, obviamente venezolano, la situación descrita puede ser típica de otras similares en otros países hispanoamericanos. La preocupación de la escritora por lo que ocurre en toda América Latina hoy en día ha sido sostenida en repetidas ocasiones, siendo la más reciente en una entrevista en Caracas en 1986.

"En aquella tierra donde he vivido diez años de exilio -nos dice- empecé a considerar que ya no soy chilena sino latinoamericana, que todo lo que ocurre en este enorme y prodigioso continente me importa tanto como lo que ocurre en Chile y hoy me duelen El Salvador, Guatemala, Nicaragua, Bolivia, Perú, tanto como me duele Chile".[9]

En las protagonistas de Isabel Allende "la plenitud se logra por su inmersión en la Historia.... Con su acción participativa en los procesos sociales dignifican su existencia"[10] ha dicho atinadamente Marcelo Coddou refiriéndose a *La casa de los espíritus* y *De amor y de sombra*. Lo mismo sucede en *Eva Luna*. Al igual que Alba, la última de la estirpe, en la primera novela mencionada anteriormente, Eva entra en la lucha socio-política impulsada por el amor. Si allí el móvil inicial era Miguel, aquí es Huberto —el otro pícaro en su juventud, ahora convertido en el comandante de los guerrilleros. Pero ante la vista de lo que pasa en el país o "el peso de la Historia" Eva decide, no tan sólo participar en la fuga de los guerrilleros detenidos en el Penal de Santa María ayudando con la fabricación de la masa de pan que cubrirá las granadas liberadoras, sino que introduce la guerrilla y el asalto (271-2) como también la figura militar del General Tolomeo Rodríguez (275) en el libreto de su telenovela "Bolero." Puesto que su telenovela es mucho más popular que las noticias, ésta será el medio de información al mundo de lo que realmente sucedió en Santa María. El arte, pues, al servicio de la causa; testimonio como explica Eva "de las cosas que pasan y de otras que pasaron antes que yo naciera" (276). Y, por otro lado, el sabor picaresco orientado hacia lo cómico y lo burlesco.

Con la treta de las granadas envueltas en masa de pan y con su telenovela mofándose de las autoridades y exponiendo el falso orgullo del llamado honor militar, "asunto de tanta gravedad" -como dice el General (276), nuestra escritora retoma, una vez más, otro de los componentes esenciales de la picaresca. También los encuentros fortuitos teñidos de un sentimiento festivo y gozoso, ayudando a nuestra pícara en el momento más oportuno, asemejan esta novela a otras de la corriente picaresca. Pero, a diferencia a ellas, *Eva Luna*, estructuralmente, no es una sucesión de peripecias unidas por la figura central del pícaro, sino una novela hábilmente estructurada. La cohesión total de los sucesos se obtiene por la inclusión de un personaje principal picaresco (Eva) y tres secundarios (siendo uno de ellos -Huberto- pícaro) entretejidos en inesperadas maneras y tiempos. Las vidas y experiencias de los personajes secundarios (Mimí, Huberto y Rolf Carlé) —a distinción de lo que sucede en la picaresca— ocuparán varias páginas y, en el caso específico de Rolf Carlé, capítulos enteros le serán dedicados a él y a su familia. Con esta innovación estructural, que se ha desenvuelto paralela a la de Eva desde el comienzo de la novela, se unirá a la de la protagonista, solamente al final, siguiendo un plan diestramente bosquejado.

El episodio amoroso de Eva con Rolf Carlé, al final de la novela, nos lleva a una última consideración diferenciadora: la del final ambiguo, que por supuesto agrega un enigma y ayuda a mantener el suspenso hasta las últimas páginas. ¿Perdura o no perdura la relación de Eva con el cineasta polémico? Eso dependerá del lector, contrariamente a lo que espera en la novela picaresca. Para los que prefieren que así sea Isabel Allende les ofrece el final feliz:

> ...Tal vez tuvimos la suerte de tropezar con un amor excepcional (dice Eva) y yo no tuve necesidad de inventarlo, sino sólo vestirlo de gala para que perdurara en la memoria, de acuerdo al principio de que es posible construir la realidad a la medida de las propias apetencias (281).

Para los más escépticos el final es como sigue: "Y después nos amamos simplemente por un tiempo prudente, hasta que el amor se fue desgastando y se deshizo en hilachas" (281).

Es evidente que diversos elementos picarescos han sido utilizados en mayor y menor grado por otros escritores latinoamericanos, aparte de Fernández de Lizardi su precursor en Hispanoamérica. En este siglo, escritores tales como Roberto Arlt (*El juguete rabioso*, 1926), Manuel Rojas (*Hijo de ladrón*, 1951), Mario Vargas Llosa (*Pantaléon y las Visitadoras*, 1973), y más recientemente Guillermo Cabrera Infante (*La Habana para un infante difunto*, 1979) lo han hecho. Si agregamos a la lista a nuestra escritora en estudio, podríamos hablar de un resurgimiento de la novela picaresca en Hispanoamérica, pero no con el mismo ropaje de sus predecesores.

Ciertamente el empleo de técnicas narrativas modernas, como la retrovisión, el simbolismo onírico y el uso de lenguaje equívoco y paródico (como en el caso de *Pantaléon y las Visitadoras*) o el relato picaresco adaptado a la circunstancia latinoamericana contemporánea y la inclusión de una pícara leal, sentimental, humanizada y luchadora (como en el caso de Eva en *Eva Luna*), indiscutiblemente enriquecen y añaden nuevas dimensiones al mundo picaresco tradicional.

Con *Eva Luna*, Isabel Allende nos ha dado una tercera novela en la que se continúa la intención testimonial "de una serie de tragedias histórico-políticas del mundo hispanoamericano" constantes que, como señala Juan Manuel Marcos

> lógicamente han dejado sus huellas en una riquísima producción del post-boom, fruto del desesperado éxodo conosureño, y que incluye, además de la novela de Isabel Allende, los relatos de su compatriota Antonio Skármeta, de los argentinos Mempo Giardinelli, Osvaldo Soriano y Luisa Valenzuela, y del uruguayo Saúl Ibargoyen, por citar sólo a unos pocos.[11]

Con la incorporación del sabor picaresco, matizado de un humor satírico y, a veces, derogatorio, Isabel Allende agrega una vena creadora diferente a su ya prestigiosa carrera literaria.

Notas

1 Isabel Allende, *Eva Luna* (Barcelona: Plaza y Janés, 1987). Todas las referencias posteriores a este libro serán tomadas de esta edición, por lo tanto sólo se indicará la página entre paréntesis.

2 René Avilés Fábila, "Isabel Allende: la magia como literatura." *Visión* (21 de marzo de 1988): 44. Son muchos los estudios sobre los orígenes, textos y estructuras de la picaresca. Sobre el tema véase: Francisco Carrillo, *Semiolinguística de la novela picaresca* (Madrid: Ediciones Cátedra, S. A., 1982); Manuel Criado de Val, ed., *La picaresca: Orígenes, Textos y Estructuras* (Madrid: Fundación Universitaria Española, 1979); Edward H. Friedman, "The World as Stage: Self and Society in *El laberinto de amor* and *La entretenida,*" en *The Unifying Concept: Approaches to the Structure of Cervantes' Comedies* (York, S. C.: Spanish Literature Publishing Co., 1981): 103-117 and *The Antiheroine's Voice. Narrative Discourse and Transformation of the Picaresque* (69-118); Claudio Guillén, *Literature as System* (Princeton U P, 1971); and Ulrich Wicks, "The Nature of Picaresque Narrative: A Modal Approach" *PMLA* 89 (1974): 240-249.

3 Pablo Ronquillo, *Retrato de la pícara: La protagonista de la picaresca española del XVII* (Madrid: Playor, 1980): 79.

4 Ibid., 78-79.

5 Ibid., 79-92.

6 Gloria Gálvez Lira, *María Luisa Bombal: Realidad y Fantasía* (Potomac, Maryland: Scripta Humanistica, 1986): 58.

7 María Elena Aguirre, "Isabel y sus espíritus," *Carola* 51, (9 de abril de 1984) 23.

8 Margaret Randall, *No se puede hacer la revolución sin nosotras* (Caracas: Editorial Ateneo, 1980): 22. Véase también el perspicaz estudio de Elizabeth A. Meese, *Crossing the Double-Cross: The Practice of Feminist Criticism* (Chapel Hill: U of North Carolina P, 1986): 120.

9 Michael Moody, "Entrevista con Isabel Allende." *Hispania* 69.1 (Marzo 1986): 150.

10 Marcelo Coddou, "Dimensión del feminismo en Isabel Allende," en *Los libros tienen sus propios espíritus*, ed., Marcelo Coddou (Xalapa: Universidad Veracruzana, 1986): 49.

11 Juan Manuel Marcos y Teresa Méndez-Faith. "Multiplicidad, dialéctica y reconciliación del discurso en *La casa de los espíritus*," en *Los libros tienen sus propios espíritus*, ed., Marcelo Coddou (Xalapa: Universidad Veracruzana, 1986); 63. Además el interesante estudio de Juan Manuel Marcos, *Roa Bastos, precursor del post-boom* (México: Editorial Katún, 1983).

Obras citadas

Aguirre, María Elena. "Isabel y sus espíritus". *Carola* 51 (9 de abril, 1984): 23.

Allende, Isabel. *Eva Luna*. Barcelona: Plaza y Janés, 1987.

Avilés Fábila, René. "Isabel Allende: la magia como literatura". *Visión* (21 de marzo, 1988): 44.

Carrillo, Francisco. *Semiolingüística de la novela picaresca*. Madrid: Cátedra, 1982.

Coddou, Marcelo. "Dimensión del feminismo en Isabel Allende". *Los libros tienen sus propios espíritus*. Ed., Marcelo Coddou. Xalapa: Universidad de Veracruz, 1986.

Friedman, Edward H. *The Antiheroine's Voice. Narrative Discourse and Transformation of the Picaresque*. Columbia, Missouri: U of Missouri P, 1987.

Gálvez Lira, Gloria. *María Luisa Bombal: Realidad y Fantasía*. Potomac, Maryland: Scripta Humanistica, 1986.

Marcos, Juan Manuel y Méndez-Faith, Teresa. "Multiplicidad, dialéctica y reconciliación del discurso en *La casa de los espíritus*". *Los libros tienen sus propios espíritus*. Ed., Marcelo Coddou. Xalapa: Universidad Veracruzana, 1986.

Meese, Elizabeth A. *Crossing the Double-Cross: The Practice of Feminist Criticism*. Chapel Hill: The U of North Carolina P, 1986.

Moody, Michael. "Entrevista con Isabel Allende". *Hispania* 69.1 (March 1986): 149-151.

Randall, Margaret. *No se puede hacer la revolución sin nosotras.* Caracas: Ateneo, 1980.

Ronquillo, Pablo. *Retrato de la pícara: La protagonista de la picaresca española del XVII.* Madrid: Playor, 1980.

Wicks, Ulrich. "The Nature of Picaresque Narrative: A Modal Approach" *PMLA* 89 (1974): 240-249.

Isabel Allende's *Eva Luna* and the Act/Art of Narrating

Edna Aguirre Rehbein
Concordia Lutheran College
Austin, Texas

Cuando escribí *Eva Luna*, por primera vez me senté a escribir una novela y quise escribir una novela en varios niveles. Una novela que fuera como contar un cuento y que fuera la protagonista contándoles a otros el cuento de su propia vida. En *Eva Luna* puse muchas cosas: quería decir, por ejemplo, lo que significa poder contar, cómo a través del contar se van ganando espacios, se va ganando gente, se seduce a un lector. . . . el poder contar cuentos es como un tesoro inagotable. . . [1]

In *Eva Luna*, Isabel Allende's third novel, the author focuses on two closely linked aspects of story-telling and/or of narrating. On the one hand, she experiments with the **act** of narrating by creating a story in which the roles of Eva Luna, the protagonist, Eva Luna, the narrator, and the role of the character in the soap opera *Bolero* (written by the protagonist) are at first separate, but then seem to converge into **one**. The resulting intertextuality and self-reflexivity create various levels of fictionalization leading the reader to question "reality" within this fictional setting. The other aspect which Allende examines is the **art** of narrating, as she experiments with the text and demonstrates that the slightest manipulation of language can create or transform reality. An individual's adeptness in utilizing language, thus constructs a particular reality. These two aspects of narration, so skillfully crafted by Isabel Allende, are inseparable as they work together to create or change textual "reality" to meet the narrator's liking.

Though at first this work appears to be like many other narratives, it is clear that Allende intends the novel to be more than merely another autobiographical first person account told by the narrator. Allende's intentions for the novel are clearly stated by her protagonist at the end of the novel when Eva states that perhaps all of what has taken place in the story has occurred "de acuerdo al principio de que **es posible construir la realidad** a la medida de las propias apetencias."[2] In the same way that Eva Luna can mold "la Materia Universal" (250) into anything she wishes, Allende and Eva also mold reality according to their liking.[3] In this text, the very act of narrating becomes integrated with the plot of the novel, as the protagonist first learns to tell stories orally, then blossoms from a state of illiteracy, learning to read and then to write, and finally, writes her own story. For Eva, the narrator, and for Eva, the protagonist, the text becomes one long process of learning about the power of expression, be it in written or spoken form.

The importance of revealing or telling about events is seen throughout the novel as other characters also occupy themselves with this activity. Rolf Carlé, the Austrian immigrant who becomes a photo journalist in South America, finds it extremely important to reveal the true story when he reports on political activities. His desire to tell the "official truth" is often frustrated either because the government will not allow it, or because to do so would compromise and endanger the guerrillas' lives.[4] Huberto Naranjo, the guerrilla leader, occupies himself with obscuring the true story, molding it to conform to his needs and even changing his name when necessary (216). Eva acquires this **gift** of story-telling from her mother, Consuelo, who often engaged in this activity (25).

Eva's skill is very powerful as it not only serves as entertainment for herself and others, but becomes crucial to her survival. She at times uses it in exchange for food and shelter. Allende explains, "Eva Luna, la protagonista de mi novela cambia sus cuentos por comida, por techo, después por amistad, por amor . . . "[5] Toward the end, this skill becomes her profession when she begins working as a writer. More significant, however, is the fact that throughout her life Eva, the protagonist, relies on her stories to remove her from difficult situations. As she struggles to survive, she relies on their magical power to transport her from the harsh reality by which she is surrounded, to a prettier, more acceptable world which exists only in her dreams or memory. It is through this process, for instance, that as an adult she is able to continue experiencing the "existence" of her mother who died when she was only a small child (123). Isabel Allende's complex story is a reflection of her own belief in the magical power of the word and the narrative[6] as Eva, the narrator, becomes the active agent involved in molding reality and consequently the outcome of the novel.[7]

At first glance, the novel appears to be merely another first person account of someone's life: Eva narrates her life story. The first chapter provides background information on Eva's mother, Consuelo, who was orphaned and raised by monks and then went to work for various people; it also tells of Eva's birth. Already in this first chapter Allende introduces the key role played by story-telling and the concept of a reality made pliable and changeable through the use of language. Eva's mother, Consuelo, is clearly gifted with the magical powers of story-telling.

> Mi madre era una persona silenciosa, capaz de disimularse entre los muebles, de perderse en el dibujo de la alfombra, de no hacer el menor alboroto, como si no existiera; sin embargo, en la intimidad de la habitación que compartíamos **se transformaba**. Comenzaba a hablar del pasado o a narrar sus cuentos y el cuarto se llenaba de luz, desaparecían los muros para dar paso a increíbles paisajes, palacios abarrotados de objetos nunca vistos, países lejanos inventados por ella o sacados de la biblioteca del patrón; colocaba a mis pies todos los tesoros de Oriente, la luna y más allá, me reducía al tamaño de una hormiga para sentir el universo desde la pequeñez, me ponía alas para verlo desde el firmamento, me daba una cola de pez para conocer el fondo del mar. Cuando ella contaba, el mundo se poblaba de personajes, algunos de los cuales llegaron a ser tan familiares, que todavía hoy, tantos años después, puedo describir sus ropas y el tono de sus voces. (25; emphasis added)

Eva continues,

> Ella (la mamá) sembró en mi cabeza la idea de que la realidad no es sólo como se percibe en la superficie, también tiene una dimensión mágica y, si a uno se le antoja, es legítimo exagerarla y ponerle color para que el tránsito por esta vida no resulte tan aburrido. (26)

At the end of this first chapter, it is also apparent that Eva, like her mother, believes in her own ability to transform reality. She explains, "Una palabra mía y, ¡chas!, se transformaba la realidad" (28).

The second chapter begins with the life story of Rolf Carlé, a young Austrian boy whose life develops parallel to Eva's. The narrator alternates between a chapter about herself and one about Rolf throughout the remainder of the novel until the last three chapters when their lives intersect and they fall in love. In subsequent chapters, the reader learns about Rolf's own involvement in story-telling through his use of film.

By the third chapter, Eva has actively begun using her story-telling to achieve a number of goals. Eva describes how she told stories to Elvira, her **madrina**: "Me enrollaba junto a Elvira y le ofrecía un cuento a cambio de que me permitiera quedarme con ella" (58). To Huberto Naranjo, the street-wise young boy who helps her survive, who later gets involved in guerrilla warfare, and then becomes Eva's lover, she offers some of her stories as entertainment and compensation for taking care of her: "Me acurruqué entre los papeles y le ofrecí un cuento en pago de tantas y tan finas atenciones" (63). It is through Huberto's insistence that she begins to learn to read (110).

Eva's ability to create or invent continues to become stronger and more evident. Later, when she finds herself alone again and feeling totally abandoned, Eva resorts to using her imagination to "magically" retrieve her mother who died when she was young.

> Escondí la cara entre las rodillas, llamé a mi madre y muy pronto percibí su aroma ligero de tela limpia y almidón. Surgió ante mí intacta, con su trenza enrollada en la nuca y los ojos de humo brillando en su rostro pecoso, para decirme que esa trifulca no era nada de mi incumbencia y no había razón para tener miedo, que me sacudiera el susto y echáramos a andar juntas. Me puse de pié y le tomé la mano. (123)

And " . . . la presencia visible de [su] madre . . ." (126) continues to accompany her through her troubled days in the streets while she looks for a home.

It is not until she goes to live with Riad Halabí, however, that she actually learns to read and the next phase of her creativity is initiated. Halabí, who finds her on the streets, takes her to work with him in his home in Agua Santa. He becomes like a father to her and takes a special interest in educating her, finding her a tutor, buying her many books, and teaching her to read (140-141). Halabí not only teaches her to read and write, rather more notably, he is the one who makes her an "official" person by acquiring a birth certificate for her. Later Eva reflected on his generosity,

> Riad Halabí me dio varias cosas fundamentales para transitar por mi destino y entre ellas, dos muy importantes: la escritura y un certificado de existencia. No había papeles que probaran mi presencia en este mundo, nadie me

inscribió al nacer, nunca había estado en una escuela, era como si no hubiera nacido, pero él habló con un amigo de la ciudad, pagó el soborno correspondiente y consiguió un documento de identidad, en el cual, por un error del funcionario, figuro con tres años menos de los que en realidad tengo. (145-146)

Her interest in reading becomes a passion and consequently, she begins to write her own stories. She states,

Yo devoraba los libros que caían en mis manos, . . . mis historias aparecían anhelos e inquietudes que no sabía que estaban en mi corazón. La maestra Inés me sugirió anotarlos en un cuaderno. Pasaba parte de la noche escribiendo y me gustaba tanto hacerlo, que se me iban las horas sin darme cuenta y a menudo me levantaba por la mañana con los ojos enrojecidos. Pero ésas eran mis mejores horas. Sospechaba que nada existía verdaderamente, **la realidad era una materia imprecisa y gelatinosa que mis sentidos captaban a medias** . . . Me consolaba la idea de que **yo podía tomar esa gelatina y moldearla para crear lo que deseara**, no una parodia de la realidad, como los mosqueteros y las esfinges de mi antigua patrona yugoslava, sino un mundo propio, poblado de personajes vivos, donde **yo imponía las normas y las cambiaba a mi antojo. De mí dependía la existencia** de todo lo que nacía, moría o acontecía en las arenas inmóviles donde germinaban mis cuentos. Podía colocar en ellas lo que quisiera, bastaba pronunciar la palabra justa para darle vida. A veces sentía que ese universo fabricado con el poder de la imaginación era de contornos más firmes y durables que la región confusa donde deambulaban los seres de carne y hueso que me rodeaban. (173-174, emphasis added)[8]

Eva becomes conscious of her own power as the reader of these stories and of the fact that she alone has the power to **create** everything that occurs in her narrative. At times, her imagined environment becomes preferable to the harshness of life itself.

Eva's ability to change her perception of "reality" to her liking continues to become further developed as she gains confidence through reading. Upon moving into an apartment with Mimí, Eva invents an entire family tree for herself by acquiring old photographs of "toda una familia" and placing them on her wall, thereby creating for herself a valid past as well (206). The hardest photograph to find, however, is that of Consuelo, her mother. She decides on a portrait of a beautiful woman and feels that one is appropriate because the woman in it "era lo bastante hermosa como para encarnar a mi madre." (207) She goes on to state, "así **deseo** preservarla en mi recuerdo" (207; emphasis added).

Aside from the obvious fact that the previous citation reinforces how Eva is again engaging in molding reality to her liking, this quote represents a pivotal point in the novel because it is one of the first times that the narrator uses the present tense as she relates her life story. Previously, she has been looking back in time at events in her life, in her mother's, and in Rolf's, so she has used the past tenses. It is at this point in the narrative that the lives of Eva, the narrator and Eva, the protagonist begin to converge, and Allende begins to communicate this merging of narrative time and of the protagonist/narrator through her meticulous use of the language. Gradually, in this chapter, and then more suddenly in the next two, there is a shift from the re-telling of events from the past to the recounting of events in the present, as they occur at that moment. This evolution from past to present is seen again just a few pages later as Eva tells of her responsibility for her **madrina**. She explains that upon coming to the capital city, she finds her **madrina**, who has been living in terrible conditions in a public nursing home. With Mimí's help, they move her to a privately run attractive care unit. "Mimí pagó la primera mensualidad," states Eva, adding, "pero ese deber **es mío**" (209; emphasis added).

Shortly thereafter Eva begins to work as a secretary in the military uniform factory and at night, encouraged by Mimí, she writes stories in her **cuaderno de cuentos** (207).   She begins to see Huberto more, but only when he decides he can come out of hiding. After one of their passionate encounters, Eva reflects on their relationship, once again using the present tense.

> Para Naranjo y otros como él, el pueblo parecía compuesto sólo de hombres; nosotras debíamos contribuir a la lucha, pero estábamos exluidas de las decisiones y del poder. Su revolución no cambiaría en escencia mi suerte, en cualquier circunstancia yo tendría que seguir abriéndome paso por mí misma hasta el último de mis días. Tal vez en ese momento me di cuenta de que la mía **es** una guerra cuyo final no se vislumbra, así es que más vale darla con alegría, para que no se me vaya la vida esperando una posible victoria para empezar a sentirme bien. Concluí que Elvira tenía razón, **hay** que ser bien brava, **hay** que pelear siempre. (214; emphasis added)

Whereas previously the narrative has described Eva's life in retrospect, this passage clearly creates the impression that Eva, the narrator is now recounting Eva, the protagonist's life as it is unfolding and developing before her. By merging narrative time in this way, the author dissolves the gap between Eva, the protagonist and Eva, the narrator. At this point in the novel, the **two** become **one**. This evolution of narrative time is intensified in the subsequent sections as Eva quits her work at the uniform factory and dedicates herself to writing on a regular basis. Mimí, who believes in fortune telling, reads Eva's future and affirms that her "destino era contar" (229). Mimí encourages Eva to begin writing screenplays for the soap opera in which she appears and purchases a typewriter for her. The next morning, as Eva anxiously sits down to write, she is filled with a flurry of emotion and inspiration.

> Desde que la maestra Inés me enseñó el alfabeto, escribía casi todas las noches, pero sentí que ésta era una ocasión diferente, algo que podría cambiar mi rumbo. Preparé un café negro y me instalé ante la máquina, tomé una hoja de papel limpia y blanca, como una sábana recién planchada para hacer el amor y la introduje en el rodillo. Entonces sentí algo extraño, como una brisa alegre por los huesos, por los caminos de las venas bajo la piel. Creí que esa página me esperaba desde hacía veinti-tantos años, que yo había vivido sólo para ese instante, y quise que a partir de ese momento mi único oficio fuera atrapar las historias suspendidas en el aire más delgado, para hacerlas mías. (230)[9]

She explains:

> Se ordenaron los relatos guardados en la memoria genética desde antes de mi nacimiento y muchos otros que había registrado por años en mis cuadernos. Comencé a recordar hechos muy lejanos, recuperé las anécdotas de mi madre cuando vivíamos entre los idiotas, los cancerosos y los embalsamados del Profesor Jones; aparecieron un indio mordido de víbora y un tirano con las manos devoradas por la lepra; rescaté a una solterona que perdió el cuero cabelludo como si se lo hubiera arrancado una máquina bobinadora, un dignatario en su sillón de felpa obispal, un árabe de corazón generoso y tantos otros hombres y mujeres cuyas vidas **estaban a mi alcance para disponer de ellas según mi propia y soberana voluntad.** (230-231; emphasis added)

Allende adds to the text's complexity by allowing Eva to detail the recording of these events which have already been written by the narrator and have been read previously by the reader in this same novel, thereby leading the reader to question the reliability and chronology of the narrative. Eva explains that

> Poco a poco **el pasado se transformaba en presente y me adueñaba también del futuro,** los muertos cobraban vida con ilusión de eternidad, se reunían los dispersos y todo aquello esfumado por el olvido adquiría contornos precisos. (231; emphasis added)

As she continues to write she begins to speculate about her own future: "Sospechaba que el final llegaría sólo con mi propia muerte y me atrajo la idea de ser yo también uno más de la historia y tener el poder de determinar mi fin o inventarme una vida" (231). It is as if narrative time, the action being retold, has now caught up with the present events and Eva Luna has begun to recount her life as it takes place. The implication, therefore, is that she is now beginning to tell **her** life story as it will transpire in the future, though it has not yet occurred. Eva Luna is now in total control of her destiny: all she needs to do is to write it in order for it to occur in her narrative "reality."

When Eva Luna and Rolf Carlé finally meet at a dinner party, she is asked to supply more of her **cuentos**. Eva's creative powers and the author's utilization of the present tense amidst passages narrated in the past tense are further evidenced. The following passage illustrates Allende's techniques:

> Mimí **dice** que **tengo** una voz especial para los cuentos, una voz que, siendo mía **parece** también ajena, como si brotara desde la tierra y me subiera por el cuerpo. **Sentí** que la habitación **perdía** sus contornos, esfumada en los nuevos horizontes que yo convocaba. (234; emphasis added)

Whereas the early segments of the novel conveyed the idea of a narrator who was telling about her life as it had happened many years back, the interjection of these comments in the present tense make the text seem like a conversation in the present with some momentary descriptions of past events.

In Chapter Eleven, Eva, who has become involved in helping the guerrillas with their greatest effort against the government, finds that Rolf, who had previously merely been documenting the events, is also now involved in the struggle. While out in the countryside, waiting for the attack to occur, Rolf asks her to tell a story she has never told before. She willingly begins to tell about "una mujer cuyo oficio era contar cuentos" (258). This unmistakably is a reference to herself, Eva the story-teller. The story she continues to tell, however, is even more engaging and insightful as it seems to correspond very closely to the narrator's/protagonist's life story. She states that the young woman met a man who was very sad and was burdened by his past, so he asks her to create a new history for him. She consents, but after she has told the new story of Rolf's life, Eva comments:

> Por fin amaneció y en la primera luz del día ella comprobó que el olor de la tristeza se había esfumado. Suspiró, cerró los ojos y al sentir su espíritu vacío como el de un recién nacido, comprendió que en el afán de complacerlo le había entregado su propia memoria, ya no sabía qué era suyo y cuánto ahora pertenecía a él, sus pasados habían quedado anudados en una sola trenza. Había entrado hasta el fondo en su propio cuento y ya no podía recoger sus palabras, pero tampoco quiso hacerlo y se abandonó al placer de fundirse con él en la misma historia. . . (258)

The story that Eva tells Rolf is indicative of what has happened in the novel with respect to her own life and Rolf's, for earlier, Eva too had helped Rolf accept his painful past by changing it for him through her **cuentos** (238-239). Eva and Rolf have become intertwined just as have the two characters in her **cuento**.

After the guerrillas' successful maneuvers against the government, Eva and Rolf become concerned over how the government will present the news about the occurrence, so they decide to tell the story in the next episode of her soap opera. Eva and Rolf explain that they can avoid any problems with the government censorship because, "siempre se puede alegar que es sólo ficción y como la telenovela es mucho más popular que el noticiario, todo el mundo sabrá lo que pasó en Santa María" (272). Thereby, Eva uses her fictional media to depict a true incident. Eva's soap opera, *Bolero*, becomes very popular and receives enormous attention. Mimí plays herself in the television story, while Eva,

> . . . escribía cada día un nuevo episodio, inmersa por completo en el mundo que creaba con el poder omnímodo de las palabras, transformada en un ser disperso, reproducida hasta el infinito, viendo mi propio reflejo en múltiples espejos, viviendo innumerables vidas, hablando con muchas voces. (273)

At the end of the novel, Eva and Rolf leave the city for a while because they are concerned about possible repercussions from the telecasting of their episode depicting the guerrilla actions. While in Colonia, the couple fall passionately in love. Eva describes their kiss, saying;

> Se acercó a grandes pasos y procedió a besarme tal como ocurre en las novelas románticas, tal como yo esperaba que lo hiciera desde hacía un siglo y tal como estaba describiendo momentos antes el encuentro de mis protagonistas

en *Bolero*. Aproveché la cercanía para husmearlo con disimulo y así identifiqué el olor de mi pareja. (280)

The narrator ends the story by stating that they loved one another for a while until their love faded. But then she interjects,

O tal vez las cosas no ocurrieron así. Tal vez tuvimos la suerte de tropezar con un amor excepcional y yo no tuve necesidad de inventarlo, sino sólo vestirlo de gala para que perdurara en la memoria, de acuerdo al principio de que es posible construir la realidad a la medida de las propias apetencias. . . . Escribí que durante esas semanas benditas, el tiempo se estiró, se enroscó en sí mismo, se dio vuelta como un pañuelo de mago y alcanzó para que Rolf Carlé —con la solemnidad hecha polvo y la vanidad por las nubes— conjurara sus pesadillas y volviera a cantar las canciones de su adolescencia y para que yo . . . narrara . . . muchos cuentos, incluyendo algunos con final feliz. (281-282)

The novel is a prime example of Isabel Allende's belief in the magical power of words and in the concept that books have their own spirit to exist as they wish. Eva, the narrator, is completely in control of the narrative and capable of molding and defining time and reality as she wishes. Allende demonstrates that the act and the art of narrating consist of the skill and talent to change language in order to achieve the desired textual "reality."

Notes

1 Isabel Allende, personal interview, 5 January 1989.

2 Isabel Allende, *Eva Luna* (Barcelona: Plaza y Janés, 1987); 281. Emphasis added. Other references to the novel will be from this edition and will appear within the text.

3 Already in Allende's first novel, *La casa de los espíritus* (1982), the author's emphasis on the process of narration is evident. This first novel, is in fact the product of the author's continous narration in the form of a letter to her grandfather. The second novel, *De amor y de sombra* (1984), also relates to writing in that it is the novelized re-counting of a true event she read in a journalistic article.

4 Rolf Carlé's interest in presenting the "official truth" about the guerrillas' efforts is evident in a number of situations. He is first depicted as an anxious young photographer, interested "en captar la imagen, aun a costa de cualquier riesgo." (202) Later he struggles with the idea of presenting the truth without revealing the whereabouts of the guerrillas (215 and 222).

5 Isabel Allende, personal interview, 5 January 1989.

6 Isabel Allende has explained her personal belief in the magical, transformational power of language in her essays: "La magia de las palabras," *Revista Iberoamericana* 132-133 (Julio-Diciembre 1985): 447-452 and also in *Los libros tienen sus propios espíritus*, in an essay by the same title, edited by Marcelo Coddou (Xalapa: Universidad Veracruzana, 1986): 15-20.

7 Allende's narrator is what Wayne C. Booth has called a dramatized narrator agent, someone "who produces some measurable effect on the course of events." *The Rhetoric of Fiction*, 1983 ed., (Chicago: U of Chicago P, 1961): 153-154.

8 The narrator's beliefs coincide precisely with Allende's own perspective on the power of language. See footnote #6 above for further information.

9 Isabel Allende often makes reference to the importance of beginning her writing on a blank white sheet of paper. Another such reference occurs on page 234 where she speaks of how she began to create on "un desierto blanco." She also commented on the necessity of this in her interview of 5 January 1989.

Works Cited

Allende, Isabel. *Eva Luna*. Barcelona: Plaza y Janés, 1987.

_____. Interview. 5 January 1989.

_____. "La magia de las palabras." *Revista Iberoamericana* 132-133 (Julio-Diciembre) 1985: 447-452.

_____. "Los libros tienen sus propios espíritus." *Los libros tienen sus propios espíritus*. Ed., Marcelo Coddou. Xalapa: Universidad Veracruzana, 1986: 15-20.

Booth, Wayne C. *The Rhetoric of Fiction*. 1983 ed. Chicago: U of Chicago P, 1961.

AFTERWORD

INTERVIEW WITH
ISABEL ALLENDE

Conversando con Isabel Allende

Sonia Riquelme Rojas
Edna Aguirre Rehbein

Es un día de sol de California y la novelista nos ofrece su tiempo, su hospitalidad y sus historias en "Chez Isabel et Willie," esa casa suya colgada de la colina donde se respira y bien se ve el Pacífico. El paisaje evoca otras latitudes, algo del mar chileno . . . quizás el Valparaíso porteño, porfiado en su encaramarse en los cerros. En ese espacio terrenal hablamos de los espacios novelescos de Isabel Allende.

IA: El único espacio que yo preservo, total y absolutamente es el de la ficción, el del cuento, de la novela. Todo el resto de la escritura: los discursos que preparo, los artículos de prensa, los ensayos, todo eso lo comparto con Willie, mi esposo. Lo único que no comparto con él es cuando llega el momento de escribir un cuento, una novela; esa actividad sólo la comparto con mi mamá y mi hija.

SR: ¡Qué interesante! Tu escritura es entonces esencialmente escritura de mujer.

IA: No. . . No pienso necesariamente en eso. Lo que quiero decir es que cuando el trabajo ya está armado se lo paso a mi madre y a mi hija y entonces lo discutimos mucho, pero esa es la única confrontación. No tengo editor, no tengo una persona que me corrija el texto, que me lo acomode. Sólo mi madre, mi hija y mi agente.

SR: ¿Sigue siendo tu agente Carmen Barcell?

IA: Sí. . . Así pues que las empresas editoriales toman el texto tal como está o me lo rechazan. No hay ninguna opinión externa.

SR: Has llegado entonces al pináculo de tu condición de escritora.

IA: No... Es porque en España no existe el oficio del editor. Este es una invención norteamericana. De allí también la idea de que las novelas deben entrar dentro de ciertas fórmulas: la del "thriller," la "detective story," la "spy story," la fórmula de Judy Krantz, la de la telenovela, del melodrama. Si tú escribes una novela que no cabe en esas fórmulas, te la meten de todos modos dentro de una camisa de fuerza para que funcionen los parámetros propuestos. Aquí están destruyendo la literatura. A propósito, la mejor literatura que se produce en este país es la de las minorías: mujeres, negros, chicanos, indios, emigrantes. Esa es la gente que está escribiendo mejor porque a ellos no logran meterlos en el "straight jacket" de las fórmulas editoriales.

EA: Por no conocer las fórmulas aquellas no les importan.

IA: ¡Por cierto! En el caso mío, como los editores compran un libro que ya está publicado en español al traducirlo deben respetar el texto original. Es una ventaja para mí.

Todo este asunto de editar lo discuto mucho con mi madre. Yo hago mi propia edición, mi "editing". Yo escribo largo, muy largo y escribo muchas veces un mismo libro. Cuando llega el momento de cortar soy despiadada con las tijeras. No me importa cuánto haya trabajado porque pienso que todo ese trabajo era necesario para llegar al resultado esencial. Además nada de lo que se corta se puede volver a usar, me cargan los "refritos". Entonces tomo todo y lo destruyo para no tener la tentación de usarlo en otro texto.

SR: ¿Y actualmente tienes algún proyecto en el que estés trabajando?

IA: Estoy escribiendo *Los cuentos de Eva Luna*. Tengo escritos unos catorce cuentos y necesito por lo menos seis cuentos más para que sea una colección considerable. Estoy un poco limitada porque son los cuentos de Eva Luna, son cuentos que ella cuenta, por lo tanto están restringidos a cierto ámbito, a un espacio, a un tiempo que tiene que ser el tiempo y el espacio que ella conoce. Yo no podría contar cuentos sobre el siglo XVIII en Francia porque Eva Luna no sabe que existió el siglo XVIII ni sabe que existe Francia dado el personaje que ella es. De manera que los cuentos son atemporales; sin embargo, son a la vez muy espaciales, se dan en un lugar del mapa, en el Caribe. Y tienen, que ser cuentos que ella contaría, llenos de anécdotas como los cuentos de hadas.

SR: Entonces *Los cuentos de Eva Luna* corresponden al ambiente que ella conoce, a su modo de ver el mundo y a su proximidad a las cosas. Ese personaje tuyo es un personaje gozoso. . . .

IA: A mí me gusta mucho . . . me gusta mucho Eva Luna como persona. En la novela hay dos personajes que son importantes para mí. Eva Luna porque ella habla por mí. Ella dice todo lo que yo tenía ganas de decir sobre la vida, el hombre, la revolución, la literatura, la relación de las mujeres . . . todo eso ella lo dice por mí. Ella se acepta a sí misma, se quiere, está orgullosa de sí misma.

SR: Eva Luna es muy mujer, tiene una profunda y rica percepción de la condición femenina.

IA: Sí, es esencialmente mujer. Su espíritu, su intelecto, su cuerpo, todo está amalgamado, todo le funciona coordinadamente. No es ni cerebral, ni puramente emotiva, ni puramente espiritual. Todo en ella es armonioso, equilibrado. Además no hay ninguna descripción física del personaje. El lector la puede imaginar como quiera. Eso también me gusta, porque yo imagino a Eva Luna de cierta manera y otras personas tal vez la imaginan de otra manera. Ella entiende el amor como a mí me gusta entenderlo.

SR: ¿Y el otro personaje de *Eva Luna* que te gusta?

IA: Ese otro personaje que no tiene nada que ver conmigo, que simplemente apareció en mi vida es Riad Halabí.

SR: ¡Ah! El turco del labio leporino.

IA: Sí, aunque no conozco a nadie así. Desde la sombra salió Riad Halabí. Él ya venía con un nombre, venía vestido con un traje café, tenía el labio leporino. Y pensé que tenía que borrar ese defecto porque era feo, pero no pude hacerlo. Ya tenía su tono de voz, su color, su olor, su enorme y generoso corazón. Y vino al rescate de Eva Luna. Yo creo que toda la parte de Eva Luna con Riad Halabí es la mejor del libro. Es lo que más me gusta de la novela porque allí hay algo que no lo hice yo sino que lo hizo Riad Halabí. A veces pienso que tal vez en el Líbano yo conocí a una persona así. . .

EA: ¿Viviste en el Líbano?

IA: Sí . . . Tal vez me quedó el recuerdo de alguien como Riad Halabí. Él es el padre, el compañero, el protector, el amante de Eva Luna. Hay una parte de la novela, cuando ellos hacen el amor, en que Eva Luna dice de Riad Halabí: "Él me reveló mi propia feminidad para que yo nunca me transara por menos." Y en el fondo eso es lo que él hace por ella, la hace tomar conciencia de quién es ella. Eva añade: "Me dio dos cosas importantes. Me dio un nombre (porque la inscribe en el registro civil) y me enseñó a leer." Le da dos cosas que le dan identidad y después le enseña el amor. Riad Halabí es para mí un personaje delicioso. . . .

SR: Cierto, es un personaje de revelación, y como tú dices, a Eva Luna le enseñó a leer y le enseñó el amor, claves que identifican la relación de los dos personajes a través de la novela. Otra cosa, ¿perteneces a algún grupo de escritores, a alguna asociación de intelectuales?

IA: No pertenezco a ningún club, secta, unión, religión o partido político. Soy una mujer anárquica.

SR: Me parece que lo importante es sentirse bien del modo como se es. Por otra parte, ¿te mantienes al tanto de lo que escriben otras mujeres de América Latina? Por ejemplo: las mujeres de Nicaragua están escribiendo excelente poesía. Hay un libro de poesía de Gioconda Belli que se llama *De la costilla de Eva*. Es una poesía poderosa, llena de verdad.

IA: ¡Ah! Sí . . . Gioconda Belli es una gran poeta. En toda Latinoamérica hay mujeres que escriben. En Chile por ejemplo, hay una mujer muy interesante: Diamela Eltit, una mujer joven que recién publicó su cuarta novela: *El cuarto mundo.*

SR: Yo leí su primera novela, *Lumpérica.* Allí encontré el personaje mujer L. Iluminada que me gustó mucho. L. Iluminada es un personaje inaugural en la literatura más reciente escrita por mujeres. Es la voz femenina marginal en su doble condición de mujer y de mendiga en un país limitado por una dictadura, pero a la vez es un centro de convergencias y de contradiscurso al poder de la autoridad.

IA: Diamela es una novelista joven y tiene toda una vida para escribir. Y en Chile está también Raúl Zurita, un gran poeta, un continuador de la poesía de Neruda. Chile es un país de poetas.

ER: ¿Y qué puedes decir de tu reciente visita a Chile? ¿Cómo percibes la transición de la dictadura a la democracia? No tienes problemas para ir a Chile. ¿Verdad?

IA: Y cada día voy a tener menos problemas porque yo creo que la dictadura se está desmoronando. En Chile se respira alegría, libertad, euforia. La gente de la oposición sabe que debe presentar un candidato único, para las elecciones de fines de este año y todos sabemos que la transición va a ser difícil. Pero hay mucha esperanza. . . .

Chez Isabel et Willie
San Rafael, California
5 de enero, 1989

PS: La esperanza de una nueva democracia en Chile expresada por Isabel Allende se empezó a cumplir a partir de las elecciones de 1989 y el ascenso al poder, en 1990, de un presidente elegido por la mayoría de los chilenos. Debemos agregar que su libro, *Los cuentos de Eva Luna,* fue publicado en 1990.

Contributors

Edna Aguirre Rehbein is professor of Spanish and Mexican American Studies at Concordia Lutheran College in Austin, Texas. She received her doctorate from the University of Texas where she concentrated on contemporary Spanish American Literature. Her interests include contemporary narrative and its ties to avant-garde prose fiction, and Chicano literature.

Rodrigo Cánovas is professor of Latin American Literature at the Universidad Católica in Santiago, Chile. His main interest is literary theory as applied to contemporary narrative. He has published *Literatura chilena y experiencia autoritaria* and *Antología de la poesía religiosa chilena*.

Marcelo Coddou is professor of Latin American Literature at Drew University. He has written, *Para leer a Isabel Allende*; an in-depth study on the Chilean poet, Gonzalo Rojas; and edited *Los libros tienen sus propios espíritus*.

Gloria Gálvez-Carlisle teaches Spanish at the University of California, Los Angeles. She is the author of *María Luisa Bombal: Realidad y Fantasía* and has written critical essays on Isabel Allende, Rosario Ferré, Gabriel García Márquez and Mario Vargas Llosa.

Ester Gimbernat de González is professor of Spanish at the University of Northern Colorado. She has published *Paradiso: entre los confines de la transgresión*. Her articles have been published in: *Hispania*, *Modern Language Notes*, *Revista Iberoamericana*, *Thesaurus*, *Hispamérica*, and *Eco*.

Norma Helsper is professor of Spanish at the State University College at Cortland, New York, where teaches language and Latin

American literature and culture. She is interested in Latin American theater and Central American narrative.

Wolfgang Karrer is professor of American Studies at Osnäbruck Universitat in Germany. His field of specialization is minority literature, including the literature of the Hispanics in the United States. He has published extensively on the subject both in Europe and the United States.

Monique J. Lemaitre is professor of Spanish at Northern Illinois University. She is the author of *Octavio Paz: Poesía y Poética* and *Texturas*. Her forthcoming book is *La palabra encarnada: Una lectura feminista de la obra de Antonio Skármeta*.

Richard McCallister is professor of Spanish at Westminster College in Pennsylvania. His interests are Central American narrative and poetry. He has been published in *La Prensa* of Nicaragua and is currently editing a collection of Central American short stories.

Elías Miguel Muñoz received his doctorate in Spanish from the University of California at Irvine. He has published a number of articles, books of literary criticism, novels, and books of poetry. He has currently devoted himself to full-time creative writing.

Kavita Panjabi is a doctoral candidate in the Comparative Literature department at Cornell University. A native of India, she is currently teaching at Jadavpur University of Calcutta while researching and writing her dissertation.

Catherine R. Perricone is professor and chairperson of the Department of Foreign Languages and Literatures at Lafayette College in Pennsylvania. She is the editor of *Alma y corazón, antología de las poetisas hispanoamericanas* and the translator in English of *Lo que Varguitas no dijo*.

Sonia Riquelme Rojas teaches Spanish and Latin American Literature at Southwestern University in Georgetown, Texas. She is interested in the semiotics of power in the discourse of Hispanic women writers, and has published in literary journals in Chile, Panama, Uruguay, and the United States.

Pilar Rotella is professor of Spanish and Literature at Sarah Lawrence College. She holds a Masters degree in English and a Doctorate in Comparative Literature from the University of Chicago. Her interests include peninsular and Latin American literature.

Wesley J. Weaver III is professor of Spanish at the State University College at Cortland, New York. He has published articles and reviews on Baroque and contemporary Spanish poetry. His current interests include contemporary Latin American narrative.